달성을
다多 담다
달성 명소 25선

글·사진 여행작가 유 은 영

한국관광공사 대한민국구석구석, 티웨이항공 등 다수 웹진에 여행기사 연재 중
경북여행 베스트50 비롯 대구시, 충청북도 등 여러 지자체 여행책을 집필
대표저서 『주말여행 컨설팅북』, 『명소 옆 맛집』

대구의 뿌리
달성 산책 | 33

달성을 다多 담다
달성 명소 25선

글·사진 유은영
기획 달성문화재단

달성을 다多 담다

　달성의 수만 가지 매력에 푹 빠진 한 해였다. 그동안 여행작가로 활동하며 한국관광공사와 티웨이항공 기내지를 포함한 여러 매체에 기회가 닿을 때마다 달성군 구석구석을 소개해왔다. 하지만 달성군이 가진 그 많은 매력을 다 소개하기에는 지면이 턱없이 부족했다. '대구의 뿌리 달성 산책'을 통해 달성의 명소 25선을 집필하도록 기회를 준 달성문화재단에 먼저 감사를 드린다. 이번 기회는 달성의 아름다운 명소들을 하나하나 다시 돌아보는 소중한 시간이었다. 한 폭의 그림 같은 풍광을 카메라에 담으며 가슴이 떨렸고 그 감동들을 글로 풀어내며 행복했다.

　대구에 살면서도 달성의 아름다움을 모르고 사는 사람들이 많다. 나 역시 그랬다. 대구는 내게 제2의 고향이다. 고등학교 때 유학을 와서 지금껏 살았으니 어쩌면 태어난 곳보다 더 고향 같은 곳이다. 처음엔 달성이 대구에 편입된 도시 정도로만 알았다. 달성의 깊이를 조금씩 알게 된 건 여행작가를 업으로 하면서부터다. 대구광역시의 절반이 달성군 땅이라는 것을 알게 되었고 카메라를 메고 다니며 미처 몰랐던 풍광과 그 속에 숨은 역사와 향기로운 삶을 온몸으로 느꼈다.

　팔공산과 함께 대구의 양대 산으로 불리는 비슬산은 대구의 어머니 산으로 불린다. 비파 비琵, 거문고 슬瑟의 이름만큼이나 그윽하고 아름답다. 봄이면 붉은 참꽃이 바다를 이루고 푸르디푸른 숲과 신비로운 돌너덜을 품었다. 일연도 머물렀다는 대견사 앞 천 길 절벽에 서 있는 소박한 석탑 하나는 보자마자 그대로 마음에 와 박혔다.

　우리나라에서 가장 긴 강으로 꼽히는 낙동강은 강원도 험준한 땅을 달려와 안동호에 안겨 잠시 호흡을 가다듬고 내성천과 영강을 끌어들여 한껏 몸집을 넓힌 다음 달성을 휘감아 돈다. 그 물길이 굽이굽이 빚어낸 풍광마다 총총한 정자와 서원과 마을은 향기롭다.

　그중 으뜸인 도동서원은 내가 가장 사랑하는 곳이다. 세계문화유산에 등재된 우리나라 5대 서원 중 하나라는 거창한 수식어는 제쳐두고라도 구석구석 간직한 소박한 보물이 마음을 사로잡는다. 작은 문은 도포자락 여미고 갓 쓴 머리를 한껏 숙여야 들어갈 수 있고 계단은 아슬하리만큼 좁다. 배움의 공간으로 들어가는 겸손한 마음가짐을 새기는 장치들이다. 조각보를 수놓은 듯한 기단과 계단에 새긴 꽃 한 송이 앞에 서면 미소가 지어진다. 서원 앞에 서 있는 400년 은행나무가 노랗게 물드는 가을날이면 잊지 않고 찾는다.

사육신 박팽년의 후손이 모여 사는 마을 묘골에는 세조의 왕위 찬탈에 맞선 사육신을 기리는 육신사가 자리한다. 보물로 지정된 태고정을 비롯해 눈여겨볼 삼가헌 고택이 있고 유일하게 목숨을 건진 혈손의 영화 같은 이야기와 명가의 훌륭한 얼이 살아 숨 쉰다. 여름이면 배롱나무꽃과 낙동강 노을이 붉게 물드는 하목정, 임진왜란 때 수백 명의 부하를 이끌고 조선에 귀화한 일본인을 기리는 녹동서원, 흙돌담 너머 능소화 곱게 피는 양반마을 남평문씨본리세거지 등 가볼 곳들이 헤아릴 수 없이 많다.

우리나라 최초로 피아노가 들어온 사문진 나루터, 낙동강과 금호강의 합작품인 생명의 땅 달성습지, 전국을 대표하는 이팝나무 군락지, 산과 호수가 어우러진 송해공원, 체험과 볼거리 넘쳐나는 마비정 벽화마을, 신나게 놀다 보면 누구나 에디슨을 만나게 되는 국립대구과학관도 빼놓을 수 없다.

정성껏 빚어낸 수제 찐빵을 맛볼 수 있는 모락모락 가창찐빵길을 비롯해 70년을 지켜온 향토음식 동곡칼국수거리, 시원하고 칼칼한 밥도둑 논메기매운탕 먹거리촌까지 소문 자자한 먹거리도 놓쳐선 안 된다.

대표 명소 25선 외에도 주변의 소소한 볼거리까지 꼼꼼히 담으려 부지런히 다녔다. 책 한 권에 미처 담지 못할 만큼 달성의 매력은 무궁무진하지만 이 책이 조금이나마 달성의 아름다움에 반하는 시간이 되길 바래본다.

유 은 영

목차

구지 권역

도동서원
조각보 기단부터 꽃송이 새긴 계단까지 숨은 보물 가득 ... 15

낙동강 레포츠밸리
바다 부럽지 않아요, 낙동강 백배 즐기기 ... 29

유가·현풍 권역

비슬산
달성이 품은 대구 명산의 품격 ... 39

국립대구과학관
과학아 놀자! 놀다 보면 나도 에디슨 ... 53

한훤당고택
500년 명가의 향기 그윽한 고택나들이 ... 65

현풍백년도깨비시장&현이와 풍이의 청춘신난장
근심은 도깨비에게! ... 73

화원 권역

- **마비정 벽화마을**
  사람도 말도 쉬어 가는 마을 ... 81

- **남평문씨본리세거지**
  흙돌담 너머 능소화 곱디고운 양반마을 ... 91

- **사문진 나루터와 화원동산**
  눈부신 자연과 옛 역사가 어우러진 힐링 명소 ... 103

- **달성습지와 생태학습관**
  강이 모이고 숲이 춤추는 생명의 땅 ... 117

옥포 권역

- **송해공원**
  울창한 산과 드넓은 호수가 어우러진 국민관광지 ... 131

- **용연사와 옥포벚꽃길**
  봄날의 낭만 흐드러진 벚꽃길 지나 진신사리 모신 용연사로 ... 145

- **교항리 이팝나무 군락지**
  대구를 대표하는 명품 이팝나무 군락지 ... 155

목차

논공 권역

- **달성노을공원**
  뒷짐 지고 느긋하게 노을 감상하기 … 165

- **논공꽃단지**
  SNS 성지로 떠오른 명품 정원 … 175

다사 권역

- **강문화관 디아크와 죽곡댓잎소리길**
  디아크, 세계적 예술작품이 되다 … 185

- **논메기매운탕마을**
  시원하고 칼칼한 밥도둑, 논메기매운탕 먹거리촌 … 199

- **달천예술창작공간**
  폐교의 놀라운 변신, 예술공간으로 부활하다 … 207

가창 권역

남지장사
푸른 송림에 둘러싸인 천년고찰 215

달성 한일우호관과 녹동서원
조선에 귀화하여 달성인이 된 항왜장수 김충선 223

가창 모락모락찐빵길
말랑 달콤 따뜻한 추억의 찐빵 233

하빈 권역

하목정
수백 년 세월에도 변치 않는 멋과 운치 241

하빈 PMZ 평화예술센터
평화의 소중함을 기억하는 곳 251

육신사와 순천 박씨 집성촌 묘골
목숨 바친 충절과 유일한 혈손의 영화 같은 이야기 259

동곡칼국수거리
70년을 지켜 온 찰지고 구수한 맛 271

달성을 다多 담다

달성을
다
담다

구지 권역
도동서원

도동서원
조각보 기단부터 꽃송이 새긴
계단까지 숨은 보물 가득

2019년 우리나라 서원이 유네스코 세계문화유산에 등재되었다. 세계가 인정한 서원의 매력을 제대로 알고 싶다면 도동서원으로 가보자. 우리나라 5대 서원으로 꼽히는 달성군 도동서원은 소소하면서도 섬세한 건축미를 뽐내는 곳이다. 도포자락 여미고 조심조심 오르는 좁은 계단, 누구라도 고개를 숙여야 들어갈 수 있는 작은 문은 소박하고 사랑스럽다. 12각 돌을 조각보처럼 이은 기단 앞에 서면 심장이 멎는다. 지루한 강학 공간에 보석처럼 숨겨진 장치들을 하나하나 짚다 보면 어느새 선조들의 섬세한 마음이 보인다.

도동서원

400여 년 세월을 지켜 온 거대한 은행나무

대니산 기슭에 기대앉은 도동서원은 앞으로 유유히 흐르는 낙동강 풍경이 일품이다. 도동서원에 도착하면 가장 먼저 우람한 은행나무가 눈에 들어온다. 어른 대여섯 명이 팔을 뻗어야 겨우 안을 수 있을 만큼 거대하다. 구불구불 사방으로 팔을 벌린 가지들은 세월의 무게만큼 휘어졌다. 그 무게를 견디지 못하고 바닥에 주저앉은 가지도 보인다. 할 수 없이 시멘트 기둥이 굵고 오랜 가지를 떠받치고 있다.

'한훤당나무'라 불리는 이 은행나무는 김굉필의 외증손인 한강 정구가 서원 중건 기념으로 심었다. 무려 400년이 넘도록 서원 앞을 지켜 온 수문장이다. 노랗게 물드는 가을날이면 이 나무 하나만 봐도 충분히 아름답다.

도동서원은 김굉필의 학문과 덕행을 추앙하기 위해 세운 서원이다. 1568년 비슬산 아래 유가읍에 세워진 쌍계서원이 임진왜란으로 소실되자 1605년 김굉필 묘소가 있는 지금의 자리로 옮겨왔다. 곧이어 1607년 선조가 '도동道東'이라는 이름의 사액을 내렸다. '도가 동쪽으로 왔다'는 뜻을 담은 이름이다.

2019년 유네스코가 도동서원을 비롯해 9개의 한국 서원을 세계유산으로 등재했다. 우리나라 서원은 1543년 풍기군수 주세붕이 세운 백운동서원이 그 시작이다. 그 후 많은 서원이 생겨나서 지역현인의 뜻을 기리고 학생들을 가르쳤다. 그러다 대원군의 서원철폐령에 의해 전국의 수많은 서원이 사라지고 47개만이 살아남았다. 그중 하나인 도동서원은 안동 병산서원·도산서원, 경주 옥산서원, 영주 소수서원과 함께 우리나라 5대 서원으로 꼽힌다.

서원과 역사를 함께 한 400년 은행나무

배움으로 들어가는 좁고 낮은 문 그리고 꽃봉오리 정지석

은행나무 뒤로 수월루가 보인다. '차가운 강을 비추는 밝은 달'이라는 뜻의 수월루는 전망을 감상하는 누각이면서 아래는 출입문인 외삼문을 겸하는 독특한 건물이다. 서원에서 유일하게 팔작지붕을 한 수월루는 도동서원 창건 당시에는 없던 건물로 철종 6년에 증축하면서 지어졌다.

수월루를 지나면 본격적으로 도동서원 탐방이 시작된다. 가파른 경사면 위로 작은 환주문이 보인다. 수월루가 지어지기 전에 도동서원의 대문이었던 환주문이다. 대문이라고 하면 으리으리한 솟을대문이 떠오르지만, 환주문은 소박하다. 소박하면서도 하나하나 뜻

환주문

| 1 | 2 | 1 꽃봉오리 모양의 환주문 정지석
2 400년 은행나무와 수월루

어보면 깊은 뜻이 담겼다.

한 사람이 겨우 오를 정도로 좁은 계단은 공부의 큰 뜻을 품은 자가 아니라면 포기하고 돌아서고 싶은 생김새다. 심호흡을 하고 계단을 디디려는 찰나, 난간 정지석이 눈에 들어온다. 막 꽃을 피우려는 꽃봉오리 모양이다. 잔뜩 긴장한 마음에 꽃향기가 사르르 퍼지는 기분이다.

간신히 계단을 오르면 턱없이 좁고 낮은 환주문이 기다린다. 높이가 1.5m에 불과해 어른이라면 누구나 고개를 숙여야 들어갈 수 있다. 갓 쓴 선비들은 한껏 몸을 낮추어야 했을 것이다. 문지방에는 꽃봉오리 모양의 큼직한 돌이 솟아 있다.

도포자락을 여미고 고개를 한껏 낮추어야 하는데 거기다 걸음마저 더없이 조심스러운 환주문. 배움의 터로 들어가는 선조들의 자세가 절로 느껴진다. 환주문 현판 모서리마다 새긴 봉황 머리와 추녀 끝에 새긴 연꽃도 예사롭지 않다.

조선 5현의 최고봉을 모신 곳을 뜻하는 하얀 상지

환주문을 넘어서면 정면에 중정당이 우뚝하다. 강학 공간인 중정당 양쪽에 동재인 거인재와 서재인 거의재가 마주하고 있다. 마당 가운데 중정당으로 향하는 돌길이 나있고 돌길 끝에 돌거북이 사납게 노려보고 있다. 딴생각을 하고 걷다가 무서운 돌거북과 눈이라도 마주친다면 정신이 번쩍 날 것이다. 배움의 품으로 들어설 때는 잡생각을 버리고 집중하라는 뜻이다.

기단 위에 높이 자리한 중정당은 한껏 올려다 보이는데 더욱 우러러보게 되는 장치가 있다. 중정당 앞에 6개의 둥근 기둥을 보면 윗부분에 흰 종이로 띠를 두르고 있다. 위대한 이를 모신 서원에만 표시한다는 상지다. 멀리서도 알아보고 예를 갖추도록 둘러놓은 것인데 도동서원이 유일한 것으로 알려져 있다. 한훤당 김굉필은 정여창, 조광조, 이언적, 이황과 함께 조선 5현으로 손꼽히는 인물이다. 그중에서도 가장 웃어른인 김굉필을 모시는 도동서원의 위상이 느껴진다.

한훤당 김굉필은 평생을 학문으로 살다 갔다. 김종직에게 『소학』을 배워 수제자가 됐고 조광조를 비롯해 수많은 후학을 가르쳤다. 김종직이 쓴 『조의제문』으로 무오사화가 일어나자 제자인 김굉필 역시 유배됐다가 사약을 받는다. 1610년(광해군 2년) 조광조에 의해 조선 5현의 최고봉으로 복원된다.

중정당

삼지를 두른 중정당 기둥

조각보를 이은 듯 아름다운 중정당 기단

도동서원의 백미 중 최고는 바로 중정당 기단이다. 보는 순간 심장이 멎는다. 크기와 색깔, 모양과 질이 저마다 다른 돌들을 쌓아 올렸다. 페루 잉카제국의 12각 돌이 유명한데 중정당 기단에도 12각 돌이 있다. 4각에서 12각까지 제각각의 돌들을 끼워 맞춘 솜씨가 조각보를 이어놓은 듯 놀랍다.

기단 윗부분에는 용 네 마리가 머리를 내밀고 있다. 이곳에서 공부한 선비들이 과거에 급제해 용이 되라는 기원인

아름다운 중정당 기단

듯하다. 중정당으로 오르는 계단 옆에 다람쥐가 조각되어 있다. 자세히 보면 오른쪽 계단 옆은 올라가는 모양이고 왼쪽은 내려오는 모양이다. 동입서출 즉 동쪽 계단으로 들어가고 서쪽 계단으로 나오라는 표시다. 딱딱한 규칙을 이렇게 사랑스럽게 표현해 놓았다니 미소가 절로 난다.

중정은 중용의 상태를 담고 있다. 배움에 있어서 한쪽으로 치우치지 말고 중용을 이루라는 의미다. 중정당

| 1 | 2 | 1 기단에 불쑥 나온 용머리 장식
2 계단 옆에 동입서출을 표시하는 다람쥐 조각

에는 도동서원 편액이 걸려 있는데 앞 처마와 안쪽 벽면 두 곳에 있다. 벽면 편액은 선조가 사액하며 내린 것이고 앞 처마에는 한강이 스승 퇴계의 글씨를 집자한 것이다.

선조 임금이 내린 편액

도동서원　　　　　　　　　　　　　　　　　　　　　　　　　　　　25

보물로 지정된 담장의 멋

중정당 뒤에 지어진 사당은 서원에서 가장 높은 곳에 있는 엄숙한 공간이다. 사당으로 오르는 계단 역시 좁고 투박하다. 하지만 돌계단 들머리에 태극문양과 난간에 꽃봉오리가 조각되어 있고 계단 한가운데 양머리 조각이 머리를 내밀고 있다. 계단 바닥에는 활짝 핀 꽃 한 송이를 새겨 놓았는데 김굉필을 향한 사철 지지 않는 제자들의 마음이 전해온다. 사당에는 한훤당의 위패는 물론 서원 건립을 주도한 한강의 위패도 모셔져 있다.

　도동서원에서는 담장도 그냥 지나쳐서는 안 된다. 중정당, 사당과 함께 보물 제350호로 지정되었다. 진흙 사이에 암키와를 엇갈리게 쌓고 중간중간 수막새를 넣은 솜씨가 단아하고 멋스럽다.

보물로 지정된 담장

🪧 여행팁

주소	대구광역시 달성군 구지면 도동서원로 1
문의	053-616-6407
홈페이지	http://dalseong.daegu.kr

주변 볼거리
한훤당 묘소

도동서원 옆에 대니골 등산로가 있다. 소나무가 우거진 길에는 솔향기와 새소리가 그윽하다. 김굉필 묘까지는 약 800m. 겉치레보다 마음가짐을 중요시한 김굉필의 가르침을 곱씹으며 걷기 좋은 길이다. 그의 묘를 중심으로 그의 부인인 정경부인 순천 박씨의 묘와 넷째 아들 내외 그리고 딸의 묘까지 가족들 묘가 주변에 모여 있다.

📍 대구광역시 달성군 구지면 도동리 산1-1

관수정

도동서원을 나와 왼쪽으로 몇 걸음을 옮기면 마을회관이 보인다. 회관 옆 언덕길을 따라 오르면 울창한 대숲이 감싸 안은 한옥이 있다. 임진왜란 때 곽재우 장군과 함께 의병을 일으킨 사우당 김대진 선생이 지역 사림과 힘을 모아 1624년에 건립한 것이다. 이후

1721년에 소실된 것을 1866년에 후손 김규한이 다시 지었다. 도동서원과 마을 앞을 흐르는 낙동강이 한눈에 드는 자리다. 가만히 앉아 유유히 흐르는 강물을 감상하기 좋은 물멍 명당이다.

📍 대구광역시 달성군 구지서로 706-20

달성을
다
담다

구지 권역

낙동강 레포츠밸리

낙동강 레포츠밸리
바다 부럽지 않아요, 낙동강 백배 즐기기

산으로 둘러싸인 대구는 바다가 없다. 바다를 즐기려면 경주나 포항으로 가야 한다. 하지만 바다가 부럽지 않은 곳이 있다. 바로 달성군 구지면에 있는 낙동강 레포츠밸리다. 바다처럼 넓은 낙동강에서 짜릿한 수상레포츠를 만끽할 수 있다. 윈드서핑, 플라이피쉬를 비롯해 제트스키, 웨이크보드 등 종류만도 16가지가 넘는다. 수상레포츠의 천국이라 불리는 이유다. 카라반과 오토캠핑장이 마련되어 있어서 캠핑의 낭만을 함께 즐길 수 있다. 솔솔 불어오는 강바람과 드넓은 자연이 이곳만의 매력이다.

16가지 체험이 가능한 수상레포츠의 천국

현풍읍 시가지를 벗어나면 낙동강을 낀 한적한 도로가 나타난다. 넉넉한 강풍경과 나란히 싱그러운 가로수길을 달리는 것만으로도 일상의 답답함이 사라진다. 20여 분 드라이브를 즐기다 보면 '낙동강 스포츠밸리' 입간판이 보인다.

2017년에 개장한 낙동강 레포츠밸리는 수려한 낙동강을 배경 삼아 수상레저와 캠핑, 익스트림 레저를 한 번에 즐길 수 있는 명소다. 수상레저센터와 구지오토캠핑장, 강변오토캠핑장을 갖추었다. 수상레저센터는 분지인 대구에서 수상레저의 기쁨을 선사하는 귀한 곳으로 지역은 물론 전국 각지에서 레저스포츠와 캠핑 애호가들의 발길이 끊이지 않는다.

계류장에 서면 드넓은 낙동강 풍광이 시선을 사로잡는다. 한국 제2의 강인 낙동강을 이

낙동강 레포츠밸리 입간판

즐거운 비명이 절로 나는 플라이피쉬(사진 달성군)

렇게 가까이서 볼 수 있는 곳은 흔치 않다. 바다처럼 드넓은 낙동강에 반하고 병풍처럼 펼쳐진 산세에 다시 한번 반한다.

    시원하게 물살을 가르며 윈드서핑을 타는 사람들과 즐거운 비명을 지르며 플라이피쉬를 타는 사람들 모습은 보기만 해도 짜릿하다. '수상레포츠의 천국'이라 불리는 이곳에는 모두 16종류의 수상레포츠를 운영한다. 바나나보트, 수상스키, 웨이크보드, 윈드서핑처럼 누구나 즐길 수 있는 기구를 비롯해 웨키와퍼, 밴드웨건, 포파라찌, 모터보트를 포함해 난생 처음 보는 신기한 기구들까지 정말 다양하다.

아카데미와 패키지는 물론 익스트림 레저까지

한두 번의 체험으로 끝나기도 하지만 윈드서핑과 딩기요트 같은 몇 가지 종목은 아카데미 프로그램을 운영한다. 수상레저 전문 강사의 지도를 받을 수 있는 아카데미는 재미와 실력 향상을 동시에 맛보게 되는 절호의 찬스다. 도심에서 멀지 않은 데다 시설과 풍경까지 압도적이어서 이용객들이 꾸준히 늘고 있다.

구명조끼를 비롯해 다양한 안전장비들이 구비되어 있고 탈의실과 샤워장, 테이블과 의자는 물론 비치발리볼, 족구장 등 편의시설 또한 완벽하게 마련되어 있다. 물놀이할 옷과 수건만 준비해가면 된다. 거기다 이용료가 저렴해 가격부담이 작다. 특히 두 가지 이상 묶어서 체험할 수 있는 패키지 상품은 더 저렴하다.

수상레포츠 외에도 다양한 익스트림 체험기구들이 구비되어 있어서 풍부한 체험 기회를 제공한다. 산악용 오토바이인 ATV, 왕발통이라 불리는 세그웨이는 물론 양궁과 서바이벌 사격까지 가능하다. 연인들에게 인기 많은 2인용 자전거는 끝없이 이어지는 강변을 따라 잊을 수 없는 추억을 만들어 준다.

| 1 | 2 |

1 다양한 수상체험 장비들
2 짜릿한 원스키(사진 달성군)

강바람 솔솔 부는 오성급 강변 캠핑장

낙동강 레포츠밸리의 매력은 여기서 끝이 아니다. 수상레저와 익스트림레저를 즐겼다면 이제 캠핑의 낭만을 즐길 차례다. 낙동강 레포츠밸리에 있는 캠핑장은 카라반 전용 구지오토캠핑장과 일반 캠핑장인 강변오토캠핑장으로 나뉜다.

    강변오토캠핑장의 사이트 수는 모두 37개다. 10m×8m 크기의 넉넉한 사이트에다 차량을 바로 옆에 세울 수 있어서 편리하다. 화장실, 샤워장, 개수대의 편의시설에다가 비치발리볼장과 족구장까지 갖추었다. 사이트마다 널찍한 나무테이블과 의자가 마련되어 있어서 식사시간이 편안하고 즐겁다.

넉넉한 사이트를 자랑하는 강변오토캠핑장

강변오토캠핑장의 가장 인기 좋은 자리

　카라반 전용 구지오토캠핑장은 캠핑 입문자들의 사랑을 한 몸에 받고 있다. 캠핑장비가 없어도 캠핑의 즐거움을 누릴 수 있기 때문이다. 8인용 10대와 6인용 7대의 카라반을 운영한다. 넓고 아늑한 내부에는 2층 침대와 1인용 침대는 물론 TV와 에어컨 그리고 욕실까지 구비돼 있다. 싱크대에는 전자레인지, 냉장고, 전기밥솥을 포함해 그릇과 수저, 취사도구까지 완벽하게 갖추었다. 음식만 준비해가면 캠핑의 맛을 고스란히 느끼게 된다.

　아이들과 함께 온 가족 캠퍼를 위해 마련한 깡통열차는 캠핑장의 명물이다. 여름이면 야외수영장도 오픈되는 등 어린이 레포츠까지 세심하게 배려하고 있다. 캠핑장 최고의 매력 중 하나는 역시 자연이다. 막힘없이 탁 트인 강변은 꾸밈없는 자연 그대로의 풍경을 바라보게 한다. 솔솔 부는 강바람이 코끝을 스치고 붉게 물든 저녁 하늘을 펼쳐 놓는다.

1 카라반 전용 구지오토캠핑장
2 아름다운 강변 풍경

여행팁

주소 대구광역 달성군 구지면 오설리 1053
문의 053-659-4150~4

수상레저센터

이용시간 : 09:30 ~ 17:30(점심시간 12:00 ~ 13:00 제외) 매주 월요일 휴무

당일 현장 접수

강변오토캠핑장·구지오토캠핑장

강변오토캠핑장 입실 14시, 퇴실 12시

구지오토캠핑장 입실 15시, 퇴실 12시

22시 이후 매너타임으로 대화와 출입 금지

이용요금 : 카라반 성수기(7~8월) 8인 140,000원, 6인 120,000원
　　　　　비수기 주중 8인 100,000원, 6인 80,000원
　　　　　비수기 주말 8인 120,000원, 6인 100,000원

주변 볼거리

이노정

김굉필과 정여창 두 늙은이를 칭하여 붙인 이름이다. 조선 대 유학자인 김굉필과 정여창이 서로 교류하며 고담준론을 나누고 후학을 가르치던 곳이다. 처마 아래 '이노정'과 '제일강산第一江山'이라는 현판이 걸려 있다. 제일강산이라는 이름에 걸맞게 풍광이 아름다운 곳에 자리하고 있다. 이노정 앞으로 넉넉한 낙동강이 흐르고 강물을 붉게 물들이며 지는 노을이 일품이다. 원기둥에 걸린 정여창의 유악양遊岳陽이라는 시와 바깥쪽 주련에 걸린 김굉필의 독소학의 시가 운치를 보탠다.

📍 대구광역시 달성군 구지면 내리길 19-17

곽재우 장군 묘소

곽재우 장군은 임진왜란이 일어나자 의병을 일으켜 스스로 천강홍의장군이라 부르며 붉은 비단 군복을 입고 백마를 탔다. 신출귀몰한 그의 활약은 왜군의 진로를 차단하고 수많은 공격에 승리하며 나라를 위기에서 구했다. 왜적은 백마와 붉은 옷만 봐도 혼비백산하여 달아났다 한다. 성주목사, 함경감사를 포함해 여러 벼슬에 올랐으나, 더 이상의 벼슬을 마다하고 창녕군에 머물다 고요히 생을 마쳤다. 장군의 유택은 5대에 걸친 선영인 달성군 구지면 대암리에 모셔졌다.

(사진 달성군)

📍 대구광역시 달성군 구지면 대암리 산22

달성을
다
담다

유가·현풍 권역

비슬산

비슬산
달성이 품은
대구 명산의 품격

팔공산과 함께 대구 대표명산으로 꼽히는 비슬산은 해발 1,084m에 이르는 달성군 최고봉이다. 달성군을 중심으로 청도와 창녕까지 뻗어 있는 넉넉한 품이 어머니의 산이라 불리는 이유다. 정상부 능선을 따라 자리한 참꽃 군락지는 하늘과 맞닿은 천상의 화원이다. 봄이면 30만 평의 분홍바다를 이룬다. 기기묘묘한 기암들과 어우러진 대견사, 거대한 바위들이 강을 이룬 암괴류 등 눈길 가는 곳마다 감탄사가 절로 난다. 치유의 숲길과 숲속오토캠핑장까지 일상에 지친 몸을 달래 준다.

대구 남쪽을 넉넉히 품은 어머니의 산

달성군을 대표하는 비슬산은 팔공산과 함께 대구 2대 명산으로 꼽힌다. 대구시민은 북쪽에 있는 팔공산을 아버지산, 남쪽의 비슬산을 어머니산이라 여긴다. 해발 1,084m의 천왕봉을 비롯해 조화봉, 월광봉 등 1,000m가 넘는 봉우리들이 비슬산맥을 이루고 있다. 달성군을 중심으로 달서구, 남구, 수성구 그리고 경상북도 청도와 경상남도 창녕군까지 뻗어 있다.

비슬이라는 이름에서 산의 위용이 고스란히 느껴진다. 정상의 바위 모양이 신선이 거문고를 타는 모습을 닮았다고 해서 '비슬'이라는 이름이 붙여졌다. 한편으로는 비슬은 닭의 볏을 뜻하는 경상도 사투리이며 대구의 옛 이름인 달구벌 즉 닭벌에 우뚝 솟은 비슬(볏)을 뜻한다고도 한다.

능선의 기기묘묘한 바위들

해마다 봄이면 30만 평의 참꽃 군락지가 장관

봄이면 울창한 수림이 신록을 자랑하고, 여름이면 깊은 계곡마다 맑은 물이 장관을 이룬다. 가을이면 산의 능선을 따라 자생하는 억새들이 눈부시고, 겨울이면 역사가 꽤 오래된 얼음 축제가 열린다.

이렇게 사철 아름다운 비슬산에서 특히 빼놓을 수 없는 것이 봄이면 만개하는 참꽃이다. 비슬산 정상에는 참꽃이 군락을 이루고 있는데 무려 99만1,735㎡(30만 평)에 달한다. 참꽃이 피기 시작하는 4월 중순부터 진분홍의 화원이 펼쳐진다.

참꽃 군락지로 가는 길은 여러 갈래지만 비슬산자연휴양림에서 출발하는 것이 가장 지름길이다. 참꽃 군락지가 시작되는 대견사까지 약 2.5km로 걸어서 한 시간 반 정도 소요된다. 해발 1,000m가 넘는 정상부의 화원을 만나는 가장 쉬운 방법은 반딧불이전기차를 타는 것이다. 전기차를 이용하면 대견사 입구까지 20분 만에 도착한다.

천상의 화원 비슬산 참꽃 군락지

1,000년의 신비 간직한 대견사

대견사는 통일신라 때에 창건한 유서 깊은 사찰이다. 1227년 일연스님이 머물며 삼국유사 집필을 구상했던 곳으로도 유명하다. 대견사에는 신기한 창건설화가 내려온다. 당나라 문종이 절 지을 곳을 간절히 찾고 있었다. 그러던 어느 날 세수를 하려고 떠놓은 대야 물에 아름다운 경관이 나타났다. 그토록 찾아 헤매던 곳이었다. 대야에 나타난 장소를 찾아다니다가 신라까지 와서 발견한 자리가 바로 비슬산 대견사 터다. 신하를 보내 절을 짓고 대견사라 이름 지었다 한다.

현재 절은 일제강점기에 허물어진 것을 2011년에 달성군에서 복원을 시작해 2014년에 완공한 것이다. 폐사된 지 100여 년 만이다. 절이 서 있는 자리는 입이 떡 벌어질 만큼 아름답다. 풍수지리를 모르는 사람이라도 한눈에 명당의 기운이 느껴진다. 기기묘묘한 기암들이 병풍처럼 둘러서 있고 부처바위, 거북바위, 곰바위 등 신기한 바위들이 절 옆으로 이어진다.

절 앞은 해발 1,000m 아래를 굽어보며 홀로 서 있는 삼층석탑이 아찔할 만큼 장엄하게 눈길을 사로잡는다. 탑 아래로 유유히 흐르는 낙동강과 달성의 들판이 한눈에 내려다보인다.

| 1 | 2 | 1 기암 병풍을 두른 대견사 | 2 깎아지른 절벽 위에 홀로 선 삼층석탑

하늘과 맞닿은 천상의 화원

대견사 옆으로 난 계단을 올라서는 순간 잠시 말문이 막힌다. 눈앞이 온통 진분홍 바다다. 광활한 참꽃 군락지가 정상으로 향하는 능선을 따라 끝없이 이어진다. 무려 30만 평에 달하는 천상의 화원이 푸른 하늘과 맞닿을 듯 펼쳐져 장관을 연출한다. 참꽃 사이로 산책로가 이어지고 대형전망대와 쉼터가 곳곳에 마련되어 있어서 참꽃 풍경을 원 없이 감상할 수 있다.

참꽃이 피는 시기에 맞추어 열리는 비슬산 참꽃문화제는 달성군 대표 축제 중 하나다. 지역민과 관광객이 어울려 함께 즐기는 문화축제다. 산신제를 시작으로 축하공연, 가요제, 생활예술페스티벌, 반딧불이버스킹 등 다양한 공연은 물론 참꽃시화전과 여러 가지 체험 프로그램이 운영된다.

비슬산 참꽃문화제

참꽃 군락지, 암괴류 등 눈 닿는 곳마다 감탄사

비슬산에서 참꽃과 함께 빼놓을 수 없는 또 하나가 있다. 천연기념물 제435호로 지정된 달성 비슬산 암괴류다. 암괴류는 커다란 암석덩어리가 산골짜기에 흘러내리며 쌓인 것을 말한다. 비슬산자연휴양림에서 대견사로 오르는 길에 크고 작은 암괴류를 만나게 된다. 최대 직경 5m의 거대한 바위들이 폭 80m, 길이 2km에 이르는 암괴류를 보게 되는데, 거대한 바윗덩어리가 강처럼 흘러내리는 모습이 놀랍기만 하다. 우리나라 암괴류 중 가장 크다. 비슬산 암괴류의 역사는 중생대 백악기로 거슬러 올라간다. 당시 생성된 화강암이 여러 차례 빙하기를 지나며 팽창과 수축을 거듭하며 탄생한 것으로 학술적 가치가 아주 높다.

비슬산은 산림청이 선정한 한국 100대 명산이다. 체력만 허락한다면 정상까지 도전해

달성 비슬산 암괴류

봐도 좋다. 참꽃 군락지에서 정상으로 가는 길은 능선을 따라 걷는 길이라 비교적 완만하다. 걷는 내내 겹겹이 포개진 산자락이 발아래 넘실대고 청량한 공기가 가슴 가득 차오른다. 어디선가 맑은 비슬의 연주가 들리는 듯하다.

산림치유센터부터 숲속오토캠핑장까지 대구 최고의 자연휴양림

비슬산자연휴양림은 1996년에 개장하였다. 비슬산 천왕봉과 관기봉을 좌우에 거느린 휴양림으로 울창한 숲과 기암괴석이 어우러진 독특한 풍경을 자랑한다. 전체 면적 341만㎡에 숲속의 집과 오토캠핑장, 야영장, 야외공연장, 청소년수련장, 물놀이장, 산림치유센터가 마련되어 있고 걷기 좋은 치유의 숲이 조성되어 있다.

   치유의 숲은 비슬산의 자연을 고스란히 맛보는 산책로다. 숲내음길, 천천수 치유길, 무릉도원길, 풍경치유길 네 개의 코스 중에 자신의 체력에 맞게 선택해서 즐기면 된다. 어느 길을 선택하든 향기로운 솔내음을 맡으며 피톤치드를 만끽할 수 있다.

   산림치유센터는 자연과 숲의 요소를 통해 면역력을 높이고 몸과 마음의 건강을 돕기 위해 마련된 공간이다. HRV검사와 인바디 측정 등으로 정신적 피로도와 몸의 근육상태 등을 확인한 후 자신의 상태에 맞는 산림치유프로그램이 진행된다. 숲길을 따라 향기치료, 맨손체조, 맨발산책, 명상의 시간을

비슬산자연휴양림 숲속의 집

| 1 | 2 |

1 비슬산 산림치유센터(사진 달성군) | 2 산림치유프로그램을 체험하는 사람들(사진 달성군)

갖는다. 산림치유센터로 다시 돌아와 향기로운 차를 마시며 족욕을 하고 아로마오일로 발마사지를 하며 마무리 한다.

비슬산자연휴양림 입구에 둥지를 튼 비슬산숲속오토캠핑장은 비슬산의 자연을 만끽할 수 있는 또 하나의 공간이다. 도심에서 멀지 않아 시민들에게 인기가 많다. 빼곡한 나무숲이 시원한 그늘을 선사하고 넉넉한 데크는 두 배로 안락한 캠핑을 보장한다. 음식만 준비하면 멋진 캠핑을 누릴 수 있는 카라반 시설도 마련되어 있다.

1 비슬산숲속오토캠핑장
2 비슬산숲속오토캠핑장의 카라반

 **여행팁**

주소   대구광역시 달성군 유가읍 일연선사길 99
문의   053-659-4400

반딧불이전기차

비슬산자연휴양림 주차장에 전기차 매표소가 있다. 대견사지 입구까지 20분 정도 소요된다. 성수기 주말에는 줄이 길어서 한두 시간 기다리는 것을 각오해야 한다.

이용시간 : 9:00 ~ 16:20 (20분 간격 운행)

이용요금 : 편도 5,000원

       *셔틀버스 편도 4,000원

주변 볼거리

유가사

비슬산은 골골마다 수백의 사찰이 들어서 있었다고 전해온다. 사찰을 만나는 일도 비슬산을 오르는 재미 중에 하나다. 일연스님이 머물렀던 대견사를 비롯해 유가사, 소재사 등 천혜의 자연과 고즈넉한 분위기가 일품이다. 동화사 말사인 유가사는 신라 흥덕왕 2년에 창건했다. 전성기에는 3,000명의 승려가 머물던 대종찰이었으나, 임진왜란 때 불에 타 소실되었다. 1682년에 대웅전 보수를 시작으로 1700년대에 여러 차례 중창을 거쳐 오늘에 이르렀다.

📍 대구광역시 달성군 유가읍 유가사길 161 | ☎ 053-614-5115

소재사

비슬산자연휴양림 입구에 시원한 계곡을 가로지르는 소재교를 건너면 소재사 일주문과 마주한다. 신라시대 창건되었다고 전해오는 천년 고찰이다. 재앙을 소멸한다는 뜻의 소재사에 들어서면 모든 일상의 근심이 사라지는 듯 하다. 대웅전과 명부전, 작은 삼성각이 전부인 절은 딴 세상처럼 고요하다. 한때 300여 명이 상주했던 큰 절이라는 사실을 말해주는 듯 마당이 유난히 넓다.

📍 대구광역시 달성군 유가읍 용리 산13 | ☎ 053-614-6637

달성을
다
담다

유가·현풍 권역

국립대구과학관

국립대구과학관
과학아 놀자!
놀다 보면 나도 에디슨

과학은 어렵고 멀게만 느껴진다. 하지만 과학과 단숨에 친해질 수 있는 비결이 있다. 2013년에 문을 연 국립대구과학관은 다양한 과학의 원리를 보다 쉽고 재미있게 이해할 수 있도록 꾸몄다. 세계 최대의 물시계, 생동하는 지구 SOS, 짜릿한 공중자전거, 흥미진진한 라이프 코스트 등 깜짝 놀랄 만한 전시들이 줄을 잇는다. 아이들에겐 지루한 과학을 친근한 과학으로 만들어 주고 어른들에겐 그동안 몰랐던 신기한 과학의 세계로 안내한다. 만지고 보고 뒹굴다 보면 과학의 꿈이 자라는 신나는 과학놀이터다.

세계에서 가장 큰 물시계

과학관 건물은 한눈에 담기 어려울 정도로 거대하다. 부지 면적 11만7,174㎡에 건축연면적 2만4,007㎡로 지하 1층, 지상 3층 규모를 자랑한다. 상설전시관 2곳과 I-PLAY관을 비롯해 과학마당, 4D영상관, 천체투영관, 기획전시실, 미래형자동차체험관이 있다.

빗금이 그어진 회색무늬 외벽과 푸른빛의 커다란 유리창이 어우러진 세련된 외관이 인상적이다. 과학관 안으로 들어서면 눈이 더 휘둥그레진다. 가장 먼저 높다란 천장까지 닿을 듯한 물시계가 시선을 압도한다.

높이가 무려 11m로 세계에서 가장 큰 물시계라고 알려진 이 물시계는 프랑스의 물리학자이자 조형예술가인 버나드 지통의 작품이다. 커다란 유리 파이프를 통해 320ℓ의 녹색액체가 쉴 새 없이 움직인다. 자유낙하와 사이폰

1 세련된 외관
2 랜드마크 물시계

의 원리로 움직이던 액체가 시와 분을 나타내는 유리구에 차오르면서 시간을 알려준다. 잠시도 멈추지 않는 시간과 끊임없이 발전하는 과학을 예술적으로 표현한 물시계는 국립대구과학관을 상징하는 전시물이다.

천체투영관과 4D영상관에서 생생한 우주체험

1층에는 물시계 외에도 볼거리가 많다. 천체투영관, 4D영상관, 사이언트리 홀 등 흥미진진한 공간들이 자리한다. 4D영상관은 입체영상으로 누구나 쉽게 과학을 체험하고 배울 수 있는 생생한 영상관이다. 입구에서 나누어 주는 4D 영상 전용 안경을 쓰고 자리에 앉으면 관람이 시작된다. 의자가 위아래로 옆으로 흔들리고 바람도 나오고 좌우로 조명도 번쩍거린다. 괜히 4D가 아니다. 흥미진진하고 짜릿한 영상을 온몸으로 즐길 수 있다.

돔스크린에 투영된 천체시뮬레이션을 통해 밤하늘의 아름다운 별을 감상하는 천체투영관도 놓치면 안 된다. 모두 6대의 디지털 프로젝터로 상영되는 영상과 음향으로 생생한 우주여행을 선사한다.

생생한 우주여행을 선사하는 천체투영관

물고기도 만나고, 공중에 떠 있는 지구도 만나는 상설전시 1관

본격적인 관람은 이제부터다. 에스컬레이터를 타고 2층으로 올라가면 메인 전시공간이 기다린다. 왼쪽은 상설전시 1관, 오른쪽은 상설전시 2관이다. 상설전시 1관은 '자연과 발견'을 주제로 환경과 자연의 위기에 대해 고민하고 지구와 과학 원리에 대한 생각을 키워 준다.

가장 먼저 만나는 건 환경누리 코너다. 진짜 많은 물고기들이 아이들의 시선을 사로잡는다. 이곳에는 강의 상류부터 하류까지 다양한 물고기들이 전시되어 있다. 물고기를 통해 생태계의 포식자와 피식자의 생태피라미드를 이해하게 된다. 핸들을 돌리면 더러운 물이 정화통을 지나면서 맑게 정화되기 시작하는 코너도 있다. 그 과정을 통해 물이 어떻게 스스로 맑아지는지 알려 준다.

자연과 사람 코너는 온몸으로 자연재해를 경험하는 동안 우리가 지켜가야 할 소중한 자연을 생각하게 한다. 지진체험부스는 지진이 얼마나 멀리서 왔는지, 지진이 얼마나 무서운지 느껴볼 수 있다. 국내를 강타했던 매미, 루사, 나리 등 역대급 태풍들의 위력을 체험할 수 있는 태풍체험부스도 있다. 미세먼지, 지진, 태풍 발생 시 어떻게 대피할 수 있는지 다시 한 번 되새길 수 있는 시간이다. 온난화부스는 플라스틱 분리수거만 잘해도 건강한 지구가 된다는 것을 깨닫게 한다.

나도 과학자 코스에는 공중에 떠 있는 커다란 지구가 눈에 띈다. 1관의 핵심 전시물은 SOS(Science On a Sphere) 시스템이다. 지름 2m에 이르는 이 커다란 지구를

환경누리 코너의 다양한 물고기들

핵심전시물인 SOS 시스템

통해 환경변화를 관측할 수 있다. 엘니뇨가 무엇일까? 그 많던 동해의 오징어는 어디로 갔을까? 지구 온난화가 계속되면 사계절은 어떻게 변할까? 온난화로 위기에 빠진 지구를 어떻게 하면 구할 수 있을까? 이러한 호기심들을 한방에 해결해 준다. 태풍의 이동경로와 세계 화산활동 그리고 지구의 낮과 밤 등이 생생하게 펼쳐진다. 마치 먼 우주에서 지구를 관찰하고 있는 우주인이 된 듯한 착각에 빠진다.

흥미진진 과학기술, 온몸으로 느껴요! 상설전시 2관

상설전시 2관은 '과학기술과 산업'을 주제로 한 전시관으로 우리 삶 속에 녹아 있는 과학기술들을 살펴보고 과학의 발전을 느낄 수 있도록 꾸몄다. 2관으로 들어서자마자 라이프 코스트가 눈에 들어온다. 전시관이 꽉 찰 정도로 어마어마하게 크다. 라이프 코스트는 에너지에 대해 생각해 볼 수 있는 전시물이다. 음식을 조리하는 가스, 컴퓨터를 작동하는 전기, 자동차를 움직이는 휘발유 등 우리가 사용하고 있는 에너지에 대해 알려 준다. 그리고 앞으로 100년도 채 사용할 수 없는 화학에너지를 아끼기 위한 아이디어를 제시한다.

라이프 코스트 외에도 대부분 흥미진진한 체험 위주의 전시들이다. 눈동자만 사용하는 신기한 게임도 있고 직접 타워크레인을 움직여 볼 수도 있다. 음악에 따라 움직이면 전기가

전시관이 꽉 찰 정도로 큰 라이프 코스트 전시물

가장 기다리는 로봇쇼 시간

만들어지는 전기 만들기 체험, 멋진 영상과 함께 자원은 유한하고 창의는 무한하다는 걸 알려 주는 레인보우 용광로 등 체험거리가 끝이 없다.

    2관에서 가장 인기 있는 코너는 역시 로봇쇼다. 일본, 독일에 이어 세계 3위의 우리 로봇 기술을 두 눈으로 직접 확인할 수 있다. 최신 음악에 맞춰 신나게 춤추는 로봇들이 신기하고 자랑스럽다.

놓치면 후회할 보너스 공간들

2021년 12월에는 꿈나무과학관이 개관했다. 서울에 이어 두 번째인 어린이 전용 과학관이다. 지상 3층 건물에는 2층 아이들월드와 3층 모빌리티움이 들어섰다. 초등학생까지만 입장이 가능한 아이들월드는 어린이를 위한 과학관이다. 유아놀이터, 경계 없는 미래세상, 과학은 해결사, 창의놀이터, 키즈파티룸 등 모두 5가지 공간으로 나뉘는데 가는 곳마다 아이들의 웃음소리가 끊이지 않는다.

모빌리티움은 신기하기만 한 미래 세계의 자동차를 보여 준다. 전기자동차와 수소자동

어린이전용과학관인 꿈나무과학관(사진 달성군)

차의 내부를 직접 볼 수 있고 RC자동차 경기 체험이 가능하다. 미래자동차를 타고 자율주행으로 도시를 한 바퀴 돌아보거나 완전히 새로운 교통환경으로 변신한 미래도시를 만나보는 코너까지 신기한 볼거리가 무궁무진하다.

야외에도 놓치기 아까운 전시들이 많다. 디지털 성덕대왕신종을 비롯해 혼천의, 천상열차분야지도, 앙부일구, 혼상 등 우리 선조들의 위대한 과학 유산을 만나게 된다. 자연 소재들을 모티브로 한 대형 놀이시설인 자연놀이터와 태양계를 주제로 만든 놀이터도 있다. 특히 태양부터 수성, 금성, 화성 등으로 꾸며 놓은 태양계 놀이터는 우주의 꿈이 무럭무럭 자라는 놀이터다. 울창한 나무와 정자들로 꾸며진 휴식공간도 있어서 자연 속에서 쉬어 가기 좋다.

여행팁

주소 대구광역시 달성군 유가읍 테크노대로6길 20
문의 053-670-6114
홈페이지 www.dnsm.or.kr

과학관 1층에 자리한 푸드코트 푸드스토리는 제법 알려진 맛집이다. 짜장면부터 눈꽃치즈 로제누들 떡볶이, 우동이 있는 면분식코너, 돈가스, 튀김, 떡갈비 스테이크가 맛있는 양식코너, 새우볶음밥, 사골왕만둣국, 묵은지돼지갈비찜이 대표메뉴인 한식코너가 있다. 특히 눈꽃치즈 로제누들 떡볶이와 우동 그리고 묵은지돼지김치찜은 먹어 본 사람들의 칭찬이 자자하다.

관람시간 : 09:30 ~ 17:30 (입장종료 16:30)
　　　　　매주 월요일 · 설 · 추석 휴관
관람요금 : 상설전시관 어른 3,000원, 어린이 2,000원
　　　　　천체투영관 어른 2,000원, 어린이 1,000원
　　　　　4D영상관 어른 2,000원, 어린이 1,000원
　　　　　아이들월드 어른 2,000원, 어린이 2,000원
　　　　　모빌리티움 어른 2,000원, 어린이 2,000원

주변 볼거리

달창저수지

대구시에서 가장 큰 저수지다. 달성군 유가읍 본말리에서 경남 창녕군 성산면에 걸쳐 있는 저수지로 달성군의 '달'과 창녕군의 '창'을 따서 만든 이름이다. 해마다 4월이면 저수지 주변에 벚꽃이 만발한다. 달창저수지 벚꽃길은 한정교 입구에서 가태길과 호반길을 따라

3km 남짓 이어진다. 수령 30~40년생의 벚나무들로 무려 800여 그루에 이른다. 도심과는 달리 한적한 시골풍경과 벚꽃길이 어우러지며 장관을 연출한다. 벚꽃이 필 무렵이면 한정리 일원에서는 달창지길 벚꽃축제가 열린다.

📍 대구광역시 달성군 유가읍 본말리

예연서원

달창저수지로 가는 길에 구례마을로 들어가면 예연서원이 있다. 마을 주택가 골목길을 따라가 보면 골목길 끝에 커다란 비석 두 개와 비석을 보호하는 비각이 서 있다. 두 비석의 주인은 망우당 곽재우 장군과 존재 곽준 선생이다. 예연서원은 곽재우 장군과 곽준 선생을 배향하는 곳이다. 곽재우 장군은 임진왜란 당시 우리 역사상 처음으로 의병을 일으켜

(사진 달성군)

나라를 지키는 데 앞장섰다. 곽준 선생은 임진왜란 때 의병활동을 한 공으로 안음현감을 지냈고 정유재란 때 황석산성에서 전사했다. 외삼문인 숭의문, 강당인 경의당, 내삼문인 충의문, 사당인 충현사가 있고 부속건물인 진사청, 장판각이 있다. 수령 300년생 곽준 은행나무와 수령 400년 된 느티나무인 곽재우장군 나무도 있다.

📍 대구광역시 달성군 유가읍 구례길 123

달성을 다 담다

유가·현풍 권역
한훤당고택

한훤당고택
500년 명가의
향기 그윽한 고택나들이

대구광역시 달성군에는 대한민국 내로라하는 인물들이 많다. 그중에 으뜸은 조선 최고의 유학자인 한훤당 김굉필 선생이다. 정여창, 조광조, 이언적, 이황과 함께 조선시대 5현의 한 사람으로 꼽힌다. 오현 중에도 첫 머리에 꼽히는 '수현'이 바로 한훤당이다. 그를 모신 도동서원에서 10여 분 떨어진 곳에 그의 후손들이 모여 사는 못골마을이 있다. 아름다운 용흥지를 끼고 마을로 들어서면 한훤당고택을 만날 수 있다. 500년 명가의 숨결이 살아 숨 쉬는 고택이 카페 soga, 한옥스테이, 고택음악회로 문을 활짝 열었다.

김굉필 선생의 후손이 모여 사는 못골마을

못골마을은 현풍읍과 구지면에 우뚝 솟은 대니산 자락에 있다. 현풍소재지에서 구지방향으로 10분쯤 가다 보면 용흥지가 나오고 용흥지를 끼고 안으로 들어가면 부채처럼 펼쳐진 동네가 보인다. 여기가 한훤당 종가가 있는 못골마을이다.

    못골마을은 선생의 서흥 김씨 세거지다. 종가로 들어가는 골목 끝에 보호수로 지정된 우람한 은행나무가 마을의 유구한 세월을 말해 준다. 그 뒤로 '한훤고택寒暄古宅'이라 새겨진 큼직한 표지석이 놓인 고택이 보인다. 한훤당 고택은 김굉필의 11세손인 동지 중추부사 김정제가 지었다. 도동서원이 있는 도동마을에서 이곳 못골로 이주해 온 1779년에 지은 집이다.

마을 입구의 용흥지

못골은 나비처럼 생긴 마을에 연못을 파면 후손들이 대대로 번성한다 하여 불리게 된 이름이다. 대니산이 병풍처럼 뒤를 감싸고 넓은 들이 마을 앞으로 펼쳐진 명당이다. 건물은 6·25전쟁 당시 폭격을 맞아 일부가 불타 없어졌다가 1954년 후손들이 힘을 모아 중건하여 지금에 이른다.

조선 5현의 으뜸, 한훤당 김굉필

마을과 10분 거리인 도동서원은 한훤당 김굉필을 배향하는 서원이다. 우리나라 5대 서원 중 하나로 꼽히며 유네스코 세계문화유산에 등재됐다. 도동서원 중정당에는 다른 서원에는 없는 것이 있다. 전면 여섯 개의 우람한 기둥마다 흰 종이 띠를 두르고 있다. 기둥 윗부분에 두른 것을 상지라 하는데 조선 5현 중에서도 수현을 모신 곳이라는 표식이다. 멀리서도 상지를 보고 경의를 표했다고 한다. 우리나라 650여 곳의 서원 중에 상지를 두른 유일한 곳이며 상지의 주인공이 바로 한훤당 김굉필 선생이다.

한훤당의 소학 사랑은 유명하다. 첫닭이 울면 의관을 정제한 뒤 사당에 절하고 부모에게 문안 인사를 하고 나면 그때부터 잠자리에 들 때까지 소학을 손에서 놓는 법이 없었다. 이런 그의 운명은 21세에 점필재 김종직과 만나면서부터다. 김종직은 그를 제자로 받아들이며 기쁨에 겨워 소학을 건

은행나무와 한훤당고택

넨다. 소학을 읽은 그는 부모에게 효도하고 사람의 근본을 깨닫고 그것이 어떤 공부보다 더 중요하다는 걸 인식하게 된다. 그 뒤로 스스로를 소학동자로 자처했다.

44세에 형조좌랑에 오른 그는 무오사화를 겪으며 평안도로 유배된다. 거기서 17세 청년 조광조를 만나 학문을 전한다. 이로써 한훤당은 정몽주~김숙자~김종직에서 조광조로 이어지는 유학의 정통 계승자이며 그 중심인물이다.

고택카페에서 한옥스테이까지, 진정한 힐링 공간

솟을대문을 들어서면 단아한 집이 눈에 들어오고 특유의 정갈한 분위기를 풍긴다. 드넓은 마당 정면에 안채가 보이고 사랑채, 광재헌, 행랑채 등 단아한 한옥들이 둘러서 있다. 특히 눈에 띄는 것은 대청마루 중앙에 '소학세가'라는 편액이다. 소학세가란 소학의 가르침을 대대손손 이어가는 집안이라는 뜻으로 선생의 소학 정신을 기려 붙인 이름이다.

한훤당고택은 젊은이들 사이에 핫플레이스로 떠올랐다. 'by soga'라는 이름의 고택카페로 문을 열었기 때문이다. soga(소가)는 곧 소학세가의 줄임말이다. 미숫가루스무디, 가래떡추로스, 흑임자빙수 등 전통에 바탕을 둔 수제 먹거리가 시그니처메뉴다. 복잡한 일상에서 벗어나 종가의 넉넉함과 고택 특유의 분위기를 맛볼 수 있다.

카페와 더불어 한옥스테이를 운영한다. 종가의 얼이 깃든 고택에서의 하룻밤은 생각보다 근사하다. 대청마루에 앉아 바라보는 밤하늘은

시그니처 메뉴들

고택카페 by soga

별이 속삭인다. 이날 하루만큼은 정원을 수놓은 소담한 꽃들의 주인이 되어 본다. 해마다 여름이면 고택음악회가 열리는 문화적명소로 변신한다. 문화재를 활용해 한훤당의 가르침을 알리는 홍보대사 역할을 톡톡히 하고 있다. 한훤당과 그 후손들이 여전히 존경받는 이유다.

여행팁

주소 대구광역시 달성군 현풍읍 지동1길 43
문의 053-611-1198
홈페이지 http://bysoga.modoo.at/

by soga

영업시간 : 10:30 ~ 21:00

매주 월요일 휴무, 외부음식 반입금지, 반려동물 입장금지

메뉴 : 뜨신아메리카노 5,000원, 한훤당라떼 7,500원,
미숫가루스무디 7,000원, 가래떡추로스 7,000원, 흑임자케이크 7,000원

한옥스테이

입실 오후 2시, 퇴실 오전 11시

전통가옥이라 화장실이 방 밖에 있어서 번거롭지만 깨끗한 샤워시설에 수건, 치약, 샴푸, 비누 등의 소품이 준비되어 있다. 40평 규모의 독채인 광재헌은 대가족이나 세미나 장소로, 2인 커플이나 4인 가족이 머물기 좋은 사랑채 그리고 2~4명이 묵기 좋은 행랑채로 나뉜다. 한옥 실내에서는 금연이며 밤늦은 시간 고성방가는 삼가야 한다.

주변 볼거리

솔례 용흥지수변공원

마을 입구에 있는 용흥지 둘레를 따라 수변공원이 조성되어 있다. 용이 승천한 곳이라는 이야기가 전해와 용흥지라 불린다. 총 면적 3만7,000㎡의 호수를 한 바퀴 돌아볼 수 있는 산책로가 나 있다. 철따라 공조팝나무, 금불초, 노랑꽃창포, 황매화, 연꽃 등 형형색색의 꽃들이 산책의 즐거움을 더한다. 산책로 입구에는 두 그루의 보호수가 그늘을 드리운 쉼터가 있다. 수령 400년의 느티나무와 수령 150년의 회화나무로 느티나무는 둘레가 537m나 되는 거구를 자랑한다. 보호수 길 건너편에 현풍곽씨 십이정려각이 있어서 함께 둘러보기 좋다.

📍 대구광역시 달성군 현풍읍 지리 1359번지 일원

대구활공랜드

대구를 대표하는 패러글라이딩장이다. 동력 없이 바람을 이용해 비행하는 패러글라이딩은 누구나 쉽게 하늘을 나는 짜릿함을 선사한다. 비행안전교육, 하네스 착용법 등을 알려주고 장비를 착용하고 나면 이륙준비가 완료된다. 초보자들은 20년 이상의 베테랑 파일럿들과 함께 2인승 비행을 하게 된다. 출발 신호에 맞추어 앞으로 달리면 어느 순간 몸이 공중으로 뜬다. 유유히 흐르는 낙동강과 드넓은 벌판이 발아래 펼쳐지고 비슬산이 한눈에 들어온다.

📍 대구광역시 달성군 현풍읍 지동길312

달성을
다
담다

유가·현풍 권역
현풍백년도깨비시장
&현이와 풍이의 청춘신난장

현풍백년도깨비시장&현이와 풍이의 청춘신난장
근심은 도깨비에게!

달성군 현풍읍에 가면 신선하고 재미있는 전통시장이 있다. 달성군에서 가장 큰 시장인 '현풍백년도깨비시장'이다. 100년 역사가 스며있는 현풍백년도깨비시장은 조선시대 보부상이 오가며 만들어진 서민들의 시장이다. 걱정 근심은 도깨비가 먹어 치우고 행복을 전해준다는 도깨비시장으로 유명하다. 현풍을 의인화하여 만든 '현이와 풍이의 청춘신난장'인 청년몰은 젊은 층을 시장으로 불러 모으는 즐거운 장터다. 착한 도깨비 덕분에 상인들의 인심은 넉넉하고 장을 보는 사람들의 표정은 행복하다.

걱정 근심을 먹어 치우는 도깨비가 있는 곳, 현풍백년도깨비시장

대구에는 아직도 오일장이 열린다. 현풍백년도깨비시장, 화원시장, 반야월시장, 불로전통시장 등 4개의 오일장이 '추억과 어울림의 공간'인 전통시장으로 사람들을 불러 모은다.

현풍백년도깨비시장은 일제강점기인 1918년에 개설해 100년 세월을 오롯이 지켜온 명품 시장이다. 현풍백년도깨비시장은 문화 관광형 시장으로 수산물, 건어물, 의류 등을 파는 점포 51개와 노점좌판 49개를 갖춘 상설시장과 5·10일에 열리는 오일장을 겸하고 있다.

오랜 역사의 자부심이 있는 현풍백년도깨비시장은 세월의 깊은 정이 느껴지는 재래시장과 젊은이들의 톡톡 튀는 아이디어가 열정을 뿜어내는 장터인 청춘신난장이 함께 공존한다. 시장 앞에는 도깨비 모형 캐릭터들이 숨바꼭질을 하는 도깨비 테마공원이 있다. 이곳에서 젊은이들은 청춘난장으로, 연배가 있는 어르신들은 도깨비시장으로 취향껏 쇼핑할 수 있다.

현풍시장은 1918년 처음 개설해 번성해오다 대형마트, 쇼핑문화 변화 등으로 활기를 잃었다. 달성군이 2010년 시장의 현대화 사업을 추진해 100년 전통의 역사를 바탕으로 한 스토리텔링으로 쾌적한 테마파크형 시장으로 변신했다.

| 1 | 2 |

1 싱싱하고 싼 채소들 | 2 정 많고 푸짐한 오일장

재래시장에 젊고 신선한 바람이 분다, 현이와 풍이의 청춘신난장

청년몰 '현이와 풍이의 청춘신난장'은 현풍을 현이와 풍이로 의인화하여 만들었다. 대지면적 2,139㎡(647평)에 청년몰 점포를 비롯해 시장역사관, 어린이 놀이방, 관리실, 공용공간 등 컨테이너형 2층 구조로 되어 있다. 쇼핑과 문화, 체험 등이 어우러진 공간을 조성해 젊은 고객층을 불러 전통시장에 활기를 불어넣고 청년 일자리를 창출하는 사업장이다.

청년몰은 전통음식과 간식류 9곳, 카페음료 4곳 및 수공예 3곳, 제빵업 1곳, 사진관 1곳 등 총 18개 점포를 운영 중이다. 또 안전하고 재미있는 어린이놀이터를 운영하는 등 청년몰을 찾는 젊은 부모들을 위해 주민편의시설을 제공하고 있다.

청년몰은 청년들의 신박한 아이디어와 아이템을 사업에 접목하여 새로운 쇼핑문화를

현이와 풍이의 청춘신난장

1	1 군것질거리 천국
2	2 눈을 뗄 수 없는 먹거리들
3	3 남녀노소 누구나 좋아하는 핸드메이드 공방

만들고 있다. 아이들이 좋아하는 크레페와 떡볶이, 돈가스, 베이커리는 언제나 인기 있고 핸드메이드 소품과 플라워 기프트숍에는 남녀노소 누구나 좋아할 만한 구경거리가 가득하다.

상가 서편 주출입구 맞은편에는 도깨비테마공원과 어린이놀이터도 있다. 주말장과 오일장이 겹치는 날이면 공연장에서 가수를 초청해 공연을 하거나 즉석 노래자랑 등이 펼쳐진다. 상가번영회에서는 다양한 시장 체험프로그램과 현풍 인근 초등학교 어린이들이 시장 체험을 할 수 있는 보부상 체험행사도 선보이고 있다.

추억과 어울림의 공간, 현풍백년도깨비시장의 도깨비국밥골목

현풍백년도깨비시장 상가 1층에는 도깨비국밥골목이 있고 '소구레국밥집' 10여 곳이 영업 중이다. 수구레가 원래 표준어지만 현풍 지역에선 '소구레'로 통한다. 국밥집마다 커다란 가마솥을 걸어놓고 한 솥 가득 수구레국밥을 끓여낸다. 수구레국밥은 깨끗하게 손질한 수구레를 선지와 함께 가마솥에 넣고 끓인 후 콩나물, 대파, 양파를 넣고 고춧가루 양념을 넣어 푹 끓여낸다. 뚝배기에 수구레 국물이 가득 담겨 나온다. 국물 위로 붉은 고추기름이 동동 뜨는데 한 입 떠먹으면 얼큰한 국물이 칼칼하고 시원하다. 아삭한 깍두기와 함께 뜨끈한 국밥 한 그릇을 비우고 나면 세상 부러운 것 없는 포만감이 밀려온다. 도깨비시장에 가면 근심은 사라지고 행복이 온다는 말이 맞는다.

수구레는 소의 가죽과 갈빗살 부위 사이에 있는 지방질이다. 고깃값이 비싸던 시절에 서민들은 가격이 싼 수구레로 단백질을 보충했다. 양지 부위처럼 쫄깃하고 콜라겐이 함유되어 있어 씹을수록 고소한 육즙이 배어 나온다. 수구레국밥은 국과 밥이 나오고 밥 대신 삶은 국수를 주문할 수도 한다. 막걸리 안주로는 매콤하게 무친 수구레 무침이 있다.

현풍백년도깨비시장에는 오일장과 상관없이 매일 문을 여는 국밥집들이 있어 손님들의 발길이 끊이지 않는다. 현풍백년도깨비시장을 오랫동안 찾아온 사람들은 이곳에 들러 구수한 추억을 곁들여 국밥을 먹는다. 수구레국밥집 가게마다 레시피는 조금씩 변했지만 수구레와 선지를 듬뿍 담아주는 인심은 여전히 넉넉하다.

| 1 | 1 전국에 이름난 수구레국밥 |
| 2 | 2 칼칼하고 시원한 수구레국밥 |

여행팁

주소 대구광역시 달성군 현풍읍 현풍로6길 5
문의 053-611-2420
홈페이지 http://www.hyunpungmarket.com/

현풍백년도깨비시장 청년몰에 프리마켓이 열린다. 매월 초와 셋째 주 토요일에 마켓이 열리는데 대구 대표 프리마켓인 스마일 프리마켓을 비롯해서 지역문화공동체인 반반협동조합 등에서 15개 마켓이 참여한다. 아이디어가 톡톡 튀는 다양하고 참신한 잡화와 액세서리 등을 만날 수 있고 기존 청년몰 상점들이 참여해서 보다 풍성한 프리마켓을 구경할 수 있다. 오후에는 신나는 버스킹 공연과 얼씨구 경품응모권 이벤트가 이어져 즐거운 시간을 가질 수 있다.

주변 볼거리

달성 현풍 석빙고

보물 제673호인 달성 현풍 석빙고는 조상들의 지혜로운 여름나기를 엿볼 수 있는 장소다. 석빙고는 겨울에 얼음을 채집하여 여름에 사용할 수 있도록 장기간 보관하는 얼음 창고다. 현존하는 석빙고는 경주, 안동, 창녕, 청도, 현풍, 영산, 해주 등 7개가 전부다.

현풍 석빙고는 비슬산 계곡에서 흘러내린 물이 낙동강으로 흘러드는 현풍천 냇가에 있다. 얼핏 보기에 고분처럼 보이지만 얼음을 넣고 꺼낼 수 있는 출입구가 있어 고분과 구분을 할 수 있다. 현풍 석빙고는 1730년에 세워진 것으로 경주, 청도, 창녕의 석빙고보다 10년 이상 앞선 것으로 알려졌다.

📍 대구광역시 달성군 현풍읍 현풍동로 86

현풍향교

현풍향교는 달성군 현풍읍에 있는 조선시대의 향교다. 창건 연대는 정확하지 않지만 조선시대 전기 이전에 지어진 것으로 추정한다. 현풍향교의 배치는 전형적인 전학후묘의 구조이다. 앞쪽에는 유생이 공부하던 강학공간인 명륜당이 있고 뒤에는 제사를

지내는 문묘 공간인 대성전이 있다. 대성전은 공자를 비롯하여 성현들의 위패를 모시고 제사 지내는 곳이다. 기단에는 근처 사찰에서 사용된 석재들을 기단석과 초석으로 사용하였는데 향교 건축에서는 보기 어려운 고급스러운 모양이 특징이다.

📍 대구광역시 달성군 현풍읍 현풍동로20길 27-8

달성을
다
담다

화원 권역
마비정 벽화마을

마비정 벽화마을
사람도 말도 쉬어 가는 마을

대구광역시 달성군의 마비정 벽화마을은 도심 속에 숨어 있는 농촌마을이다. 번화한 대도시 속에서 평화로운 시골 풍경을 간직하고 있다. 마을에 들어서면 거대한 빌딩 숲은커녕 시끄러운 자동차 소음도 사라지고 없다. 오로지 비슬산 자락의 맑고 고운 자연이 포근히 감싸고 있는 마을에는 옛집들이 옹기종기 모여 있는 골목길이 이어진다. 이 마을이 명성을 얻기 시작한 건 벽화 덕분이다. 고스란히 간직한 농촌마을에 60~70년대 모습을 주제로 한 벽화들로 가득하다. 쟁기질하는 황소, 난로 위에 올려진 도시락 그림처럼 이제는 드라마에서나 볼 듯한 그림들이 추억 속으로 데려다준다.

마을 닮은 벽화, 그림 같은 마을

달성군의 마비정 벽화마을은 대구에서 하늘 아래 첫 동네라 불리는 오지다. 비슬산 자락에 하루에 버스도 몇 대 다니지 않는 농촌마을이다. 마을 어귀에 들어서자 도심과는 사뭇 다른 시골 풍경이 반긴다. 거대한 빌딩숲과 시끄러운 자동차 소음은 사라지고 없다. 오로지 비슬산의 맑고 고운 자연이 포근히 감싸고 있다.

35가구가 사는 산골오지마을이 인기를 얻기 시작한 건 벽화 덕분이다. 마비정마을의 벽화는 지금까지 보아 온 벽화와는 다른 특별한 매력이 있다. 골목길을 따라 60~70년대 농촌 풍경을 주제로 한 벽화들이 질박하게 그려져 있다. 초가지붕 아래는 주렁주렁 메주가 매달려 있고 돌담 위에는 멍석을 말아 걸어 놓았다.

빌딩 숲도 소음도 사라진 마을

벽화는 마을 분위기와 너무나 닮았다. 어떤 것이 실물이고 어떤 것이 그림인지 구분이 안 될 정도다. 이제는 드라마에서나 볼 듯한 그림들이 추억 속으로 데려다준다. 전국에 벽화마을이 우후죽순처럼 생겨나지만 마비정 벽화마을의 인기가 식을 줄 모르는 이유다.

실물인지 그림인지 숨은그림찾기

걸음마다 추억이 방울방울

마을 입구 첫 벽화부터 미소가 절로 번진다. 잠자리를 잡으며 노는 아이들의 모습을 보는 순간 움츠린 마음이 무장 해제된다. 담장 위로 빼꼼히 얼굴을 내밀고 있는 오누이는 마을 인기 캐릭터다. 익살스럽게 웃는 귀여운 모습에 보는 사람들의 얼굴에 미소가 번진다.

얕은 오르막길을 따라 마을 안으로 들어서면 1970년대 시골 풍경이 펼쳐진다. 타임머신을 타고 50년 전으로 온 듯 그때 그 시절 모습이 고스란히 남아 있다. 지붕 위에 박이 주렁주렁 열려 있고 대문 옆에는 목련이 활짝 펴 있다. 한지를 바른 창문 밑에는 멍석말이가 걸려 있고 그 옆에는 메주를 메달아 놓았다. 자세히 보면 메주는 그림이고 멍석말이는 진짜다. 마을 곳곳에 남아 있는 시골 분위기와 정겨운 벽화가 너무나 잘 어울린다. 어떤 것이 그림인지, 어떤 것이 실물인지 숨은 그림 찾듯 즐겁다.

벽화와 사진 찍는 재미도 쏠쏠하다. 지게 그림에는 팔걸이가 달려 있어서 진짜 지게를 멘 것처럼 사진을 찍을 수 있고 강아지 벽화에 달린 목줄을 잡고 찍으면 고무신 물고 도망가는 강아지와 씨름하는 재미있는 사진이 된다. 특히 학교 난로 그림 앞에 놓인 책상과 의

| 1 | 1 마을 입구 |
| 2 | 2 담장 위 오누이 그림 |

자에는 추억을 남기려는 사람들이 줄을 선다. 눈으로만 보는 벽화가 아니라 입체감을 살린 소품들이 더해져 두 배로 재미있다.

새 고무신을 신어 보는 아이, 소 등을 타고 가는 아이, 뻥이요 하고 강냉이 튀기는 아저씨, 먹음직스러운 참외, 신나는 연날리기 등 벽화마다 그리운 어린 시절 추억이 방울방울 솟아나 발길을 붙든다.

벽화를 그린 화가는 놀랍게도 단 한 사람이다. 마을 전체 벽화에 통일감을 주기 위해 한 명의 작가가 모든 그림을 도맡아 그렸다. 밤낮 없이 그림 작업에 몰두한 지 3개월 만에 마을 분위기와 어울리는 벽화가 탄생했다.

천리마의 슬픈 전설 깃든 마비정

마비정이라는 마을 이름에는 신기하고 애절한 전설이 내려온다. 아주 먼 옛날 하루에 천리를 달리는 말 비무와 암말 백희가 이 마을에서 행복하게 살고 있었다. 그러던 어느 날 마고

담이라는 장수가 천리마의 존재를 알게 되고 전쟁에서 승리하기 위해 비무를 찾아 마을까지 왔다. 마침 비무가 약초를 구하러 산에 올라간 사이에 홀로 남은 백희와 마주친다. 백희는 비무가 전쟁터에서 죽게 될지도 모른다는 생각에 자신이 천리마 행세를 했다.

마고담은 천리마인 것을 확인하기 위해 건너편 산을 향해 활을 쏘면서 화살보다 먼저 도착하지 않으면 칼로 베겠다고 했다. 죽을 힘을 다해 달렸지만 화살을 따라 잡을 수 없었던 백희는 결국 마고담의 칼에 베여 죽는다. 집에 돌아온 비무가 슬픔에 잠겨 마을을 떠났고 다시는 천리마를 볼 수 없었다. 마을 사람들은 말들을 불쌍히 여겨 '마비정'이라는 정자를 세웠다.

마을 주차장에 도착하면 우뚝 서 있는 하얀색과 검은색 말 조형물이 눈에 띄는데 천리마 비무와 암말 백희를 형상화한 것이다.

구석구석 볼거리 먹거리 가득

마을 구석구석 나무 구경을 빼면 섭섭하다. 흔히 볼 수 없는 나무들이 마을 곳곳에 자리하고 있어서다. 첫 번째 만나는 나무는 연리목이다. 느티나무와 돌배나무가 함께 자라는 것도 흔치 않은데 뿌리와 뿌리가 엉켜있는 연리근, 그리고 가지와 가지가 연결된 연리지, 거기다 나무와 나무가 이어진 완벽한 연리목이다. 둘레가 2m, 높이가 15m에 달하는 범상치 않은 옻나무도 있다.

옻나무 뒤쪽에 마을 풍광이 한눈에 들어오는 전망대가 있다. 하트를 그리고 있는 조형물이 멋진 포토존 역할을 한다. 마을 맨 꼭대기로 향하면 마비정 정자와 우물 그리고 암수 거북바위와 남근 갓바위가 기다린다. 거북바위에서 소원을 빌면 모두 이루어지고 부부가 함께 남근 갓바위를 만지면 금실이 좋아진다고 한다.

금강산도 식후경이다. 고소한 냄새가 솔솔 풍기는 식당 앞은 그냥 지나칠 수 없다. 장

1	2
	3

1 느티나무와 돌배나무 연리목
2 전망대에 있는 하트 포토존
3 거북바위와 남근갓바위

작불 활활 타오르는 가마솥에 김이 모락모락 나는 식당에는 촌두부와 파전, 비빔밥을 판다. 주민이 직접 만들어 파는 식혜나 술떡 그리고 손두부는 고향의 맛을 느끼게 한다.

솟대 만들기부터 맷돌커피까지 이색체험 인기

마비정 벽화마을이 인기 있는 또 하나의 특별한 이유는 바로 다양한 체험프로그램이 많다는 것이다. 맷돌로 원두를 갈아 마시는 맷돌커피체험은 커피를 좋아하는 어른부터 맷돌을 처음 보는 아이들까지 모두 좋아한다. 맷돌이 돌아가면 신기하게도 커피가루가 갈려 나온다. 맷돌로 간 원두를 직접 드립해서 맛볼 수 있는 커피 드립세트가 갖추어져 있다.

솟대는 마을의 안녕과 수호, 풍년을 위해 마을 입구에 세우던 장대다. 솟대만들기 체험장은 장식용 미니솟대를 만들어 보는 곳이다. 작은 나뭇가지로 새의 날개와 얼굴을 조각해서 붙이는 간단한 체험이지만 가족의 건강을 빌며 완성한 솟대를 보면 뿌듯하다.

1 맷돌커피체험
2 솟대만들기체험

농촌체험장에서 운영하는 떡메치기나 두부만들기도 빼놓을 수 없는 체험이다. 두부만들기체험은 콩을 삶아서 맷돌에 갈고 두부가 되기까지의 과정을 경험하게 된다. 인절미를 만드는 떡메치기는 재미와 맛을 동시에 즐긴다. 고슬고슬 쪄진 찰밥을 떡메로 쳐서 인절미를 만드는 체험이다. 커다란 나무 떡메를 어깨 위로 올렸다가 찰밥 위로 힘껏 내려치는 일이 생각만큼 만만치 않다. 떡메를 잘못 칠 때마다 웃음꽃이 핀다. 잘 쳐진 인절미에 콩가루를 묻혀 먹는 맛은 잊을 수 없다.

여행팁

주소	대구광역시 달성군 마비정길 262-5
문의	053-633-2222
홈페이지	https://www.dalseong.daegu.kr

마을에는 마비정 누리길이 나 있다. 마비정~삼필봉~남평문씨본리세거지~화원자연휴양림을 거쳐 가창면 정대리로 이어지는 산책로다. 전체 8km 거리에 4시간이 소요되는데 3구간으로 나뉘므로 체력과 여유에 맞게 선택하면 된다. 1구간인 마비정 벽화마을에서 삼필봉까지는 1.5km 거리로 30분이 소요된다. 2구간은 마비정 벽화마을에서 가창면 정대리까지 옛길을 따라 만든 5.5km 코스다. 마비정 벽화마을에서 화원자연휴양림까지는 3구간으로 1.4km 거리다. 경사가 완만하고 걷기가 편안한 길이라 어린아이부터 할머니, 할아버지까지 온 가족이 함께 즐길 수 있다. 걷는 내내 맑은 산 내음이 함께한다.

주변 볼거리

화원자연휴양림

(사진 달성군)

마비정 벽화마을에서 도보 10분 거리에 자리한 화원자연휴양림은 도심에서 가까운 녹색 힐링공간이다. 비슬산 자락 용문폭포 근처에 자리하고 있어서 숲과 계곡이 멋지기로 소문이 자자하다. 비슬산 능선으로 이어져 등산객들의 발길이 끊이질 않는 곳이기도 하다. 산림문화휴양관과 숲속의집 등 숙박시설은 물론 산책로와 삼림욕장, 물놀이장이 마련되어 있다. 숙박시설은 휴양관 9실, 숲속의집 6동이 있다. 숙박을 예약하면 관람객이 모두 돌아간 뒤에 호젓한 휴양림의 자연을 오롯이 누릴 수 있다. 객실이용객을 위한 픽업서비스도 운행한다.

📍 대구광역시 달성군 화원읍 화원휴양림길 126

화원미나리재배단지

남평문씨본리세거지에서 마비정 벽화마을로 향하다 보면 넓은 들판 양쪽에 빼곡한 비닐하우스가 눈에 들어온다. 바로 화원미나리재배단지. 지하 150m에 흐르는 암반수를 이용해 미나리를 재배하는 청정미나리로 유명하다. 12월부터 4월까지 미나리 철이 되면 미식가들의 발길이 몰려들기 시작한다. 고기만 준비해가면 농장에서 미나리를 사서 바로 구워 먹을 수 있다. 불판에 삼겹살이 노릇노릇 익어갈 때쯤 미나리를 올려서 살짝 익힌 다음 함께 먹으면 꿀맛이다.

📍 대구광역시 달성군 화원읍 본리리, 명곡리

달성을 다 담다

화원 권역

남평문씨본리세거지

남평문씨본리세거지
흙돌담 너머 능소화
곱디고운 양반마을

남평문씨본리세거지는 목화씨를 우리나라에 들여온 문익점 선생의 후손이 모여 사는 남평 문씨 집성촌이다. 150여 년 전 문익점 선생의 18세손 문경호 선생이 터를 닦은 양반마을이다. 반듯하고 정갈한 흙돌담길과 고색창연한 전통한옥이 반긴다. 9채의 한옥과 정자 2채 등 모두 50동이 넘는 고택이 모여 있다. 가장 대표적인 건물인 수봉정사와 광거당, 인수문고를 비롯해 인흥원, 매화군락지 등 볼거리가 가득하다. 흙돌담 위로 능소화가 흐드러지게 피는 여름은 1년 중 가장 아름다운 계절이다.

고려 문익점의 후손들이 모여 사는 마을

달성군은 현재와 과거가 공존한다. 대규모 산업단지와 역동적인 신도시가 발달한 곳이면서 풍성한 자연과 유서 깊은 전통을 간직하고 있다. 특히 자연적으로 형성된 촌락이 290여 곳이나 남아 있는 뿌리 깊은 고장이다. 달성군이 자랑하는 자연마을 중에 가장 대표적인 곳이 남평문씨본리세거지다.

문익점의 18세손인 인산재 문경호가 터를 잡은 것은 1872년이다. 마을 곳곳에는 150년의 역사가 고스란히 풍겨난다. 반듯하고 정갈한 흙돌담길이 뻗어 있고 크고 작은 고택이 옹기종기 모여 있다. 높다란 담장 너머 고색창연한 기와지붕들이 집안의 품위를 짐작하게 한다.

정갈한 흙돌담과 고색창연한 기와집들

문경호는 풍수에 조예가 깊었다. 그가 대대손손 번창할 길지로 꼽은 이곳은 원래 절이 있던 자리다. 포항 오어사에 머물던 일연스님이 이곳으로 옮겨와 절을 중창하였는데 그 뒤 나라에서 인홍이라는 이름을 하사하였다 한다. 임진왜란 때 소실되어 폐사되었지만 마을 앞에 3층 석탑 하나가 홀로 남아 이곳이 절이었음을 말해준다.

매화군락지, 인홍원 등 볼거리 가득

인홍마을에 도착하면 가장 먼저 붓을 든 커다란 동상이 눈에 띈다. 목화씨를 우리나라에 들여온 문익점 동상이다. 문익점 선생은 고려 말 중국 원나라에 다녀오는 길에 목화씨를 가져왔다. 그때까지만 해도 삼베나 갈포로 추운 겨울을 나던 서민들이 선생 덕분에 따스한 솜옷을 입고 솜이불을 덮을 수 있게 되었다. 동상 뒤로는 목화밭이 드넓게 펼쳐진다. 가을날이면 뽀얀 목화솜이 주렁주렁 달린 귀한 모습을 감상할 수 있다.

마을로 들어서기 전에 둘러볼 것이 제법 많다. 목화밭 옆에는 매화나무들이 군락을 이룬다. 백매와 청매도 간혹 눈에 띄지만 대부분 붉은 홍매나무다. 수령 20~30년 남짓 된 홍매들이 꽃을 피우는 이른 봄날이면 온통 붉은 빛으로 현란하고 매화 향기 은은하다.

커다란 연못 정원인 인홍원도 볼 만하다. 연못 가운데 솟아 있는 섬에는 소나무와 매화나무가 멋지게 자란다. 연못 둘

인홍마을 입구 문익점 동상

마을 앞 목화밭에서 본 목화

책을 사랑한 문중의 자랑 인수문고

들머리에 위치한 수봉정사는 본격적인 마을 탐방의 시작점이다. 마을에는 주민들이 살고 있어서 안을 들여다 볼 수 있는 집은 따로 있는데 수봉정사가 그중 하나다. 1936년에 세워진 집으로 '결백을 지키는 집'이라는 뜻의 '수백당'이라고도 한다. 마을을 대표하는 건물답게 정갈한 기품을 뽐낸다. 원추형 주춧돌 위에 참죽나무로 두리기둥을 세웠다. 굵은 굴도리와 서까래 등 눈길 가는 곳마다 마음을 사로잡는다.

마당에는 소나무 두 그루가 지붕보다 높게 솟아 있다. 소나무 아래에는 거북이가 그려진 돌이 놓였다. 솟을대문의 빗장도 그냥 지나치면 안 된다. 커다란 거북이가 장식된 빗장이 독특하다. 굴뚝이며 정원까지 집주인의 안목과 품격이 고스란히 엿보인다.

수봉정사 오른쪽에 보이는 작은 문은 인수문고로 통하는 문이다. 남평 문씨 문중서고인 인수문고는 대대로 수집한 고서 8,500책을 수장하고 있다. 고서의 1책이 요즘으로 2, 3권 분량이다. 8,500책을 권으로 환산하면 약 2만 권에 이른다.

귀한 책이라면 조선팔도는 물론 중국까지 가서 구해왔다. 상해에서 배편에 실어 목포에 도착한 책을 소달구지에 싣고 대구 달성까지 오는데 한 달이 걸렸다 하니 문씨 일가의 책 사랑이 얼마나 대단한지 짐작된다. 후학을 위해 투자를 아끼지 않았던 가풍 덕분에 서고를

마을 들머리에 자리한 수봉정사

만들고 공부하고 싶은 선비들에게 문을 활짝 열었다. 당시 인흥마을이 유학자들로 문전성시를 이룬 이유다.

마을을 대표하는 수봉정사와 광거당

수봉정사 담장을 따라 마을 오른쪽으로 방향을 잡으면 광거당이 기다린다. 솟을대문으로 들어서면 헛담이 막아선다. 대문에서 집안이 한눈에 들어오지 않게 세워둔 담이다. 한가운데에 기와로 꽃무늬를 새겨 헛담 하나도 멋을 부린 집이다.

문중서고인 인수문고

　누마루에 걸린 '수석노태지관'이라는 편액은 추사의 글씨다. '수석과 묵은 이끼와 연못이 있는 집'이라는 뜻이다. 담장 밖에 둘러진 노송과 뜰의 대숲은 보는 이들마다 탄성을 자아낸다.
　광거당은 인수문고 이전의 서고였던 '만권당'이 있던 곳이다. 전국의 학자들이 학문을 논하고 글을 짓던 공간이었다. 만권당을 조성한 것은 문경호의 증손자 영박이다. "책을 사랑하는 부자치고 존경받지 않는 부자는 없다. 남아가 세상에 태어나 천하의 좋은 사람을 사귀고 천하의 좋은 책을 다 보고 싶다" 할 만큼 영박은 책을 사랑했다. 만권당은 영박의 추진과 그의 아버지 문봉성의 지원에 힘입어 탄생했다. 문영박은 1919년 대한민국 임시정부 수립 때부터 소리 소문 없이 독립운동을 돕고 자금을 후원했던 애국자의 한 사람이다.

능소화가 아름답게 피는 마을

능소화가 예쁘기로 전국에 소문난 곳이기도 하다. 여름날 능소화가 피기 시작하면 고즈넉한 세거지가 사람들로 북적인다. 옛날에는 양반집에만 심을 수 있었다고 해서 양반꽃이라고도 불린다.

주황색 나팔모양 꽃송이들이 흐드러지게 피면 제 무게를 못 이기고 아래로 축축 늘어진다. 흙돌담 기와를 넘어와 골목으로 휘어진 능소화의 자태가 황홀하다. 담과 골목과 능소화를 배경으로 셔터를 누르기만 하면 작품사진이 탄생한다.

능소화는 지는 모습도 아름답다. 꽃잎이 한잎 두잎 흩날리며 지는 것이 아니라 꽃송이째 떨어진다. 그래서 능소화는 나무에서 한 번 땅에서 한 번, 두 번 피는 꽃이다. 담장 아래 주황색 융단처럼 능소화 꽃이 깔리는 때가 감성 사진 찍기 좋은 때다.

수봉정사를 지나 마을로 들어서거나 마을을 돌아보고 나올 때면 골목 입구에 회화나무가 우뚝 서 있다. '문경호 나무'로 불리는 300년의 노거수다. 푸른 이끼를 껴입은 채 여행객을 맞이하고 배웅한다.

양반꽃이라 불리는 능소화

여행팁

주소 대구광역시 달성군 화원읍 인흥3길 16
문의 053-631-8686

아홉 채의 전통 한옥과 정자 두 채 등 총 11호 54동의 건물이 있다. 그중에 가장 주목할 만한 건물은 수봉정사와 광거당이다. 대부분 사람이 거주하고 있어서 관람 시 조용히 감상하는 것이 좋다. 큰소리로 떠들거나 대문이 열려 있다고 맘대로 들어가면 안 된다. 일반관람객에게 오픈된 공간은 수봉정사가 유일하다. 광거당 관람을 원하면 상주하고 있는 관리인께 부탁하면 된다. 마을 입구에 해설사의 집이 있다. 해설사와 동행하면 자세한 해설과 함께 보다 알찬 관람을 보장한다.

주변 볼거리

인흥서원

세거지를 나와 개울을 건너면 인흥서원을 만난다. 고려 충렬왕 때의 문신인 노당 추적의 위패를 봉안한 곳이다. 추적은 과거에 급제하여 예문관제학을 지냈고 명심보감을 편찬하였다. 사당인 문현사를 비롯해 강당, 동재, 서재 그리고 외삼문인 숭봉문을 갖춘 소박한 서원이다. 외삼문 밖에는 추적의 업적을 기록한 신도비각이 있고 사당 옆에 자리한 장판각에는 명심보감 판본이 보관되어 있다. 명심보감 판본으로는 유일본으로 대구광역시 유형문화재 제37호로 지정된 것이다. 서원은 남평문씨본리세거지가 한눈에 들어오는 명당이다. 사방 울창한 산으로 둘러싸인 세거지가 그림처럼 평화롭게 다가온다.

대구광역시 달성군 화원읍 인흥2길 26

명심보감로

대구지하철 1호선 종점역인 설화명곡역에서 명심보감 판본이 보관된 인흥서원까지 이어지는 길이다. 설화명곡역에서 출발해 명곡우체국을 지나 까치봉을 넘어 피톤치드 가득한 숲길이 이어지고 세 개의 쉼터를 지나면 인흥서원에 닿는다. 길은 인흥서원에서 남평문씨본리세거지까지 연결된다. '마음을 밝히는 보배로운 거울'이라는 뜻의 명심보감은 선현들의 주옥같은 명언을 모아 만든 책이다. 길 곳곳에 명심보감 글귀가 새겨진 판이 서 있다. 걷는 동안 명심보감의 얼을 되새겨 보는 보배로운 길이다. 약 1시간 40분 남짓 소요된다.

대구광역시 달성군 화원읍 명곡리 147

달성을 다 담다

화원 권역
사문진 나루터와 화원동산

사문진 나루터와 화원동산
눈부신 자연과 옛 역사가 어우러진 힐링 명소

머무는 것만으로도 힐링이 되는 곳이 있다. 드넓은 강이 유유히 흐르고 울창한 숲은 한적하고 여유롭다. 달성군 화원동산 일대에 자리한 사문진 나루터는 옛 역사와 수려한 자연이 어우러진 명소다. 조선시대 교통의 중심지였던 나루터는 공원으로 다시 태어나고 보부상들의 쉼터였던 주막촌이 되살아났다. 마음 사로잡는 강 풍경을 바라보며 국밥 한 그릇 먹는 즐거움은 지친 심신을 달래 준다. 화원동산 전망대에 올라 낙동강과 금호강이 합류하는 두물머리 풍경을 감상하는 일도 멋지다. 유람선에 올라 강바람을 만끽하거나 강변을 따라 낙동강생태탐방로를 걷거나 무엇을 하든 소소한 행복이 차오른다.

우리나라 최초로 피아노가 들어왔던 곳

조선시대의 사문진은 낙동강의 대표적인 나루였다. 큰 배가 다닐 수 있었던 사문진나루는 이곳에서 작은 돛단배로 옮겨 싣는 기착지였다. 고령과 안동 등 낙동강 상류로 가는 작은 배들과 물건을 싣고 오는 큰 배들로 항상 붐볐다. 대구와 주변 장으로 가는 보부상들 역시 분주했다. 조선 성종 때는 왜와의 무역을 담당하는 왜물고가 설치될 만큼 중요한 곳이었다.

1900년 한국 땅에 최초로 피아노가 상륙한 곳도 사문진이다. 대구지역 교회로 부임한 미국인 선교사 사이드보텀 부부가 싣고 온 피아노가 태평양을 건너 낙동강을 따라 이곳 사문진 나루터로 들어왔다. 짐꾼 20여 명이 사흘에 걸쳐 대구 중구에 있는 선교사 집으로 옮겼다. 당시 사람들은 피아노를 '귀신통'이라고 불렀다고 한다. 피아노를 처음 본 사람들은 빈 나무통에서 소리가 나는 것이 너무나 신기했던 모양이다. 통 안에 귀신이 있어서 소리를 내는 거라 여겼다는 재미있는 이야기다.

번성하던 사문진 나루터는 경부선 철도가 개통되면서 쇠퇴의 길을 걷기 시작했다. 그러다가 1993년 사문진교가 개통되면서 역사 속으로 완전히 사라졌다. 최근 수년간 달성군의 꾸준한 노력으로 지금의 사문진 역사공원이 탄생하게 되었다.

| 1 | 2 | 1 사문진 나루터의 낙동강 | 2 우리나라에 피아노가 처음 들어온 곳

낙동강뷰 보며 국밥 한 그릇 먹는 낭만의 주막촌

옛 나루터는 이제 아름다운 역사공원으로 변신했다. 사철 형형색색의 꽃이 피는 정원에는 피아노 조형물을 비롯해 나루터를 상징하는 돛단배, 풍차 등 다양한 볼거리들이 가득하다. 거대한 피아노분수대는 폭포수와 바닥분수가 동시에 물을 뿜어내 아이들의 인기를 독차지한다. 예쁜 꽃으로 장식된 꽃시계는 시침과 분침이 피아노건반 모양이다. 정원 풍광 너머 낙동강이 잔잔히 흘러가고 강바람이 솔솔 불어온다.

주막촌 입구에는 500년 넘는 팽나무가 커다란 가지를 펼치고 그늘을 드리운다. 사문진 나루터의 터줏대감인 거대한 팽나무 아래 주막촌 초가지붕이 옹기종기 모여 있다. 그 옛날 보부상들의 허기를 채우고 나그네의 고단함을 잊게 해주던 주막촌이 고스란히 재현되어 있다.

소고기국밥부터 부추전, 손두부, 잔치국수 거기다 비슬산막걸리까지 다양한 먹거리를 판다. 유유히 흐르는 강물을 곁에 두고 먹는 즐거움과 옛 나루터의 낭만을 만끽할 수 있다. 시원한 수제맥주를 파는 곳과 커피를

1 사철 아름다운 사문진 나루터
2 폭포와 분수가 쏟아지는 피아노분수대
3 강 풍경이 보이는 국밥 맛집

마실 수 있는 카페도 운영 중이다.

　초가집 안이나 원두막 그리고 천막이 쳐진 야외 테이블 등 다양한 자리가 마련되어 있어서 선택의 폭이 넓다. 서빙은 셀프다. 주문한 음식이 나오면 원하는 자리로 들고 가서 먹으면 된다. 낙동강을 바라보며 먹을 수 있는 원통테이블 자리는 경쟁이 치열하다.

오리전기차 타고 화원동산 한 바퀴

사문진 나루터 옆은 화원동산이다. 삼국시대 토성이 있던 곳으로 꽃이 만발하는 동산이라 해서 화원이라 불렀다. 신라 경덕왕이 9번이나 들렀다는 말만으로도 이곳의 아름다움이 짐작된다. 일제강점기에 달성토성과 함께 유원지로 개발되면서 토성의 흔적이 거의 사라졌지만 자연경관만큼은 경덕왕이 아꼈던 그대로다.

　화원이라는 이름처럼 사철 꽃동산을 이룬다. 특히 봄이면 겹벚꽃이 여름에는 맥문동이 만개한다. 울창한 숲은 한여름에도 짙은 그늘을 드리운다. 숲속놀이터, 큰잔디광장, 피아노계단, 약초원 등 가족과 연인끼리 즐거운 시간을 보내기 좋은 공간들로 가득하다. 동물원도 관람하고 야생화도 살펴보며 시간 가는 줄 모른다. 약초원에는 범부채, 무늬둥굴레 등 신기한 약용식물이 자란다.

경덕왕이 사랑한 화원동산

오리전기차

　화원동산 전망대에 서면 낙동강이 시원하게 펼쳐진다. 금호강이 낙동강과 합쳐지는 두 물머리 풍경은 압권이다. 밟으면 동요가 흘러나오는 피아노계단과 화원동산 입구 오른편에 자리한 거대한 성산리 고분군도 놓치지 말자.

　화원동산 입구에는 오리전기차 정류장이 있다. 오리전기차를 타면 땀 한 방울 흘리지 않고 편안하게 둘러볼 수 있다. 매표소에서 출발해 전망대까지 갔다가 돌아오는 코스다. 전망대에서 하차한 뒤 걸어 내려오며 둘러보는 것을 추천한다.

수려한 비경이 이어지는 낙동강생태탐방로

낙동강과 만나는 화원동산 북쪽은 벼랑이다. 깎아 놓은 듯 아찔한 절벽 옆으로 물 위를 걷는 생태탐방로가 나 있다. 지금까지 접근이 힘들어 볼 수 없었던 벼랑의 퇴적 지형과 하식애를 물 위를 걸으며 감상하게 된다.

직각을 이룬 바위 절벽에 뿌리내린 무수한 수목들도 가까이서 볼 수 있다. 특히 군락을 이룬 모감주나무는 노란 꽃이 피는 여름이면 절벽이 온통 황금빛으로 물드는 장관을 연출한다. 중간중간 마련된 쉼터는 불어오는 강바람과 시원하게 펼쳐진 낙동강을 즐기기 좋은 자리다.

1.5km 남짓 탐방로 끝에는 달성습지 생태학습관이 자리한다. 2019년에 개관한 생태학

낙동강 생태탐방로

습관은 달성습지의 형성과 그곳에 살고 있는 생물종에 관한 다양한 콘텐츠를 한눈에 살펴볼 수 있다. 전시실 외에도 영상관, 생태이야기실이 있다. 유리 통창 가득 달성습지의 모습이 펼쳐지는 3층 홀에 서면 디아크 물문화관이 손에 잡힐 듯 보인다.

유람선 타고 디아크까지 낙동강 한 바퀴

낙동강의 정취를 온몸으로 느낄 수 있는 유람선도 운행 중이다. 주막촌 앞 선착장에 매표소가 있다. 사문진 나루터를 출발한 유람선은 낙동강을 거슬러 강정고령보로 거쳐 다시 나루터로 돌아온다. 40분 동안 낙동강 물길을 시원하게 가르며 강바람을 만끽한다.

낙동강을 가로질러 달리는 유람선

강물 위를 달리며 마주하는 대구 풍경은 특별하다. 답답한 빌딩 숲의 도심은 사라지고 호수처럼 넓은 낙동강이 가슴까지 탁 트이게 만든다. 뱃머리에서 보는 디아크 모습은 더욱 신기하다. 강 표면을 가로지르는 물수제비나 물 밖으로 힘껏 뛰어오르는 물고기 모양을 본떴다는 디아크다. 물 위에서 보니 건축 콘셉트처럼 한 마리의 은빛 물고기가 펄떡이는 듯 보인다.

울창한 숲속 피크닉장은 낙동강 노을 감상 명당

사문진 나루터 주차장 옆은 울창한 숲이다. 우람한 나무들이 빼곡한 숲속에 피크닉장이 마련되어 있다. 햇볕 한 줌 들어오기 힘들 정도로 짙은 나무그늘을 자랑한다. 나무 사이로 유유히 흐르는 낙동강이 바라보인다. 캠핑의자에 기대 앉아 온종일 물멍을 해도 지루하지 않다. 저녁 무렵이면 강을 붉게 물들이며 지는 노을 명당 중 하나다.

대형평상 10개와 소형평상 22개의 사이트가 운영 중이다. 대형은 6m×6m, 소형은 4.6m×3.3m 크기다. 소형평상도 6인 가족이 사용할 정도로 크기가 넉넉하다.

아쉽게도 야영은 할 수 없다. 오전 10시에서 오후 6시까지 이용 가능하며 예약은 필수다. 화원동산관리사무소(053-659-4465)로 전화하면 된다. 버너로 가벼운 음식은 해먹을 수 있으나 숯불이나 장작불은 사용금지다. 여름에는 모기기피제를 챙겨가는 것이 좋다.

짙은 그늘과 노을 감상 명당

울창한 숲속 피크닉장

🪧 여행팁

주소 대구광역시 달성군 화원읍 사문진로1길 40-12
문의 053-659-4465

사문진주막촌

이용시간 : 11:30 ~ 18:30, 매주 월요일은 휴무

대표메뉴 : 소고기국밥 6,000원, 잔치국수 4,000원, 부추전 6,000원

사문진유람선

이용시간 : 11:00~18:00(12:00~13:00 점심)

이용요금 : 평일 대인 8,000원, 소인 5,000원
　　　　　주말 대인 10,000원, 소인 7,000원
　　　　　매주 월요일 휴무

화원동산 오리전기차

이용시간 : 10:30~17:20

이용요금 : 평일 대인 3,000원, 소인 2,000원
　　　　　주말 대인 4,000원, 소인 3,000원
　　　　　매주 월요일 휴무

주변 볼거리

화원시장

조선 후기인 18세기 후반, 대구부 화원현에서 열리던 오일장이었다. 1914년 달성군 출범과 함께 화원장이 되었다. 100년이 훌쩍 넘는 역사를 자랑하는 전통시장이다. 매월 1일과 6일에 장이 크게 열린다. 비슬산과 낙동강을 끼고 있는 화원과 인근 지역에서 생산되는 특산물 집합소다. 전기기타를 연주하는 뻥튀기 아저씨, 60년 전통 3대 방앗간 등 전통오일장의 진귀한 풍경들이 기다린다. 30년째 순대를 팔고 있는 집에는 줄이 길다. 20년 된 참기름집은 고소한 냄새가 진동한다. 도시재생사업의 일환으로 아케이드가 설치되는 등 현대식 상설시장도 운영한다.

📍 대구광역시 달성군 화원읍 인흥길 33-4

달성 100대 피아노

달성만의 독창적인 문화예술 콘텐츠다. 우리나라 최초로 피아노가 유입된 사문진 나루터의 이야기를 바탕으로 한 공연이다. 2012년을 시작으로 매년 사문진 상설 야외공연장에서 열린다. 무대 위에 100대의 피아노가 놓이고 100명의 피아니스트가 연주하는 장면은 잊을 수 없는 경험을 안겨 준다. 클래식과 재즈 그리고 국악의 만남 등 다양하고 수준 높은 무대를 선보이며 해마다 인기를 더해가고 있다. 예술 공연을 넘어 역사적 이야기와 지역의 색깔을 모두 담아낸 놀라운 콘텐츠라는 평가가 쏟아지고 있다. 앞으로의 기대가 더욱 모아지는 이유다.

📍 대구광역시 달성군 화원읍 사문진로1길 40-12

달성을
다
담다

화원 권역
달성습지와 생태학습관

달성습지와 생태학습관
강이 모이고
숲이 춤추는 생명의 땅

금호강과 낙동강이 만나는 곳. 강과 강이 모이는 자리에 비옥한 숲과 깊은 습지가 탄생했다. 달성습지다. 달성습지는 자연과 시간이 빚어낸 생명의 땅이다. 총면적 200만㎡에 이르는 땅은 520여 종 생물의 보금자리다. 황조롱이, 붉은배새매, 맹꽁이 등 천연기념물이나 멸종위기생물들이 함께 살아간다. 숲속 오솔길을 따라 탐방로가 나 있다. 노란 갓꽃으로 뒤덮이는 봄부터 고니떼가 찾아드는 겨울까지 사철 신비로운 자연을 만난다. 생태체험프로그램을 운영하는 달성습지 생태학습관이 즐거움을 더한다.

낙동강과 금호강의 합작, 달성습지

길이 506.17km, 유역면적 2만㎢가 넘는 낙동강은 우리나라 최장으로 손꼽히는 강이다. 태백에서 발원해 강원도의 험준한 산맥을 달려온 낙동강은 잠시 안동호에 안긴다. 안동호에서 호흡을 가다듬은 다음 내성천과 영강을 끌어안고 한껏 몸집을 넓혀 경북 내륙을 통과한다. 대구 달성에 이르러 원을 그리듯 휘어지며 심호흡을 한 뒤 금호강을 끌어안고 유유히 남해로 흘러간다.

　대구의 젖줄로 불리는 금호강은 포항에서 발원하여 서쪽으로 흐르면서 영천과 경산을 지난다. 대구에 이르러 북쪽으로 도시를 감싸듯이 휘돌아 흐르다가 달성에서 남쪽으로 몸을 꺾어 낙동강 품에 안긴다.

낙동강과 금호강이 만나는 풍요로운 땅

낙동강과 금호강이 하나가 되는 두물머리에 거대한 습지가 탄생했다. 바로 달성습지다. 달성습지는 국내에서 보기 드물 정도로 광활한 범람형 하천습지다. 200만㎡에 달하는 면적을 자랑한다. 대구의 강변 중 가장 자연 그대로의 모습을 유지하고 있는 곳이기도 하다.

사계절 아름다운 자연의 보물창고

달성습지는 사람의 손때가 묻지 않은 원시의 자연이 살아 숨 쉰다. 봄이면 갓꽃이 노랗게 물들고 여름이면 기생초가 화려하게 뒤덮인다. 가을에는 물억새가 은빛 물결을 이루고 겨울은 철새들의 낙원이다.

자연이 살아 숨 쉬는 보물창고

| 1 | 2 | 1 수많은 생물의 터전 | 2 평화로운 달성습지

강과 강이 만나 마르지 않고 비옥한 땅은 수많은 생물의 터전이다. 무려 520여 종의 생물이 살아간다. 멸종 위기 야생동물인 맹꽁이와 붉은배새매가 이곳에서 안전하게 둥지를 틀고 희귀식물인 쥐방울덩굴도 자란다. 기후변화 생물지표종인 박새와 청둥오리, 큰부리까마귀 그리고 무당거미도 포착되고 천연기념물 수달과 멸종위기종 2급 삵이 함께 산다.

특히 환경부 2급 보호 동물인 맹꽁이 서식지로도 유명하다. 여름이면 맹꽁맹꽁 우는 소리를 들을 수 있다. 1990년까지만 해도 천연기념물로 지정된 흑두루미의 월동지였다. 수백, 수천 마리가 이곳에서 겨울을 보냈다.

인근에 성서산업단지가 들어서면서 흑두루미 모습이 많이 줄어들었지만 습지보호지역과 야생생물보호구역으로 지정하는 등 생태 복원을 위해 꾸준히 노력 중이다. 넉문에 흑두루미가 다시 날아들고 고라니가 맘껏 뛰어다니는 옛 모습을 되찾아 가고 있다.

생태탐방로 따라 비밀의 숲 산책

몇 년 전만 해도 습지로 들어가는 것이 금지였다. 20여 년의 생태복원 사업을 완료하여 최근 시민에게 개방되었다. 습지 안에 약 2.5km의 탐방로가 나 있다. 인공적인 요소를 최대한 줄이고 있는 그대로의 모습을 누릴 수 있도록 길을 냈다.

숲으로 몇 걸음만 들어가도 감동이 밀려온다. 지금껏 봤던 보통의 숲과는 사뭇 다르다. 조밀조밀 자란 나무들은 하늘을 향해 맘껏 뻗어 있다. 사람의 손길이 닿지 않은 채 습지와 강바람이 키운 모습 그대로다.

숲은 생각보다 깊다. 은행나무, 단풍나무, 벚나무, 느티나무숲이 번갈아 이어진다. 숲길 중간중간 강이 휘돌아 가는 풍경과 바람에 흔들리며 반짝거리는 물억새를 만난다. 깊숙이 들어가면 물속에 발을 담근 채 자라는 왕버들나무가 걸음을 붙든다. 찾는 사람이 적고 한적해서 더 매력이다.

습지 생태탐방로

달성습지의 소중함을 알려 주는 생태학습관

달성습지 숲길 들머리에 '달성습지 생태학습관'이 있다. 생태학습관은 2019년에 문을 열었다. 달성습지가 탄생한 과정부터 살고 있는 생물들에 대해 자세히 살펴볼 수 있고 다양한 체험활동을 할 수 있어서 어른아이 모두 좋아하는 여행지로 떠올랐다.

 흑두루미 모양의 외관이 눈길을 끈다. 흑두루미가 무리지어 찾아오던 달성습지의 모습을 표현한 건물이다. 생태학습관 앞에는 마스코트인 루미와 꽁이가 나란히 서 있는 포토존이 반긴다. 루미는 두루미, 꽁이는 맹꽁이 조형물이다. 이곳에서 루미 품에 안기거나 꽁이 손을 잡고 기념사진을 찍으면 뒤로 광활한 달성습지가 배경으로 담긴다.

 2, 3층은 전시실이다. 2층 전시실에는 습지가 어떻게 형성되었는지 어떤 생명이 살아가는지 알기 쉽게 구성해 놓았다. 맹꽁이, 두꺼비, 청개구리, 무당개구리의 울음소리가 어떻게 다른지 직접 들어보고 물과 모래 그리고 숲에 사는 생명의 차이도 살펴본다. 소금쟁이가 어떻게 물 위로 걸어 다니는지 말조개와 각시붕어의 공생관계까지 배울수록 신기하기만 하다. 시청각실은 도심 속에 자리한 달성습지를 소개하는 애니메이션을 상영한다.

| 1 | 1 흑두루미 모양의 생태학습관 |
| 2 | 2 맹꽁이의 생태를 꼼꼼히 살펴볼 수 있다(사진 달성군). |

옥상 전망대(사진 달성군)

3층 전시실은 낙동강의 역사와 더불어 살아가는 사람들의 삶과 문화도 함께 접할 수 있다. 생태이야기실에는 달성습지에 사는 맹꽁이에 대해 특별히 꼼꼼하게 전시해 놓았다. 맹꽁이는 국제자연보전연맹이 지정한 환경지표 종이다. 장마철에 달성습지에 가면 맹꽁맹꽁 소리를 들을 수 있다. 짝짓기를 하는 장마철이면 한 마리가 맹하고 울면 다른 한 마리가 꽁하고 운다. 맹꽁이와 흑두루미를 색칠해서 화면 속 달성습지로 풀어주는 디지털체험도 재미있다.

3층 로비홀은 전면 통유리창 가득 달성습지가 펼쳐진다. 옥상으로 올라가면 역시 습지가 한눈에 들어오는 전망대가 있다. 무료 망원경이 설치되어 있어서 습지를 보다 꼼꼼히 볼 수 있다.

다양한 생태체험프로그램 운영

생태학습관에는 다양한 생태체험 프로그램이 운영 중이다. '습지마주하기', '자연물 놀이교실', '달성습지 곤충들과 가을여행', '가을 속 숲길을 걷자' 등 생태해설사와 동행하는 생태탐방프로그램이다.

습지마주하기는 습지담아가기와 습지그리기로 진행된다. 습지를 마주 보고 앉아서 풍경을 감상하며 멍때리기를 하거나 습지를 스케치하는 시간을 가진다. 그런 다음 컵받침에 습지생물을 그려 보거나 나뭇잎 손수건을 만들어 본다. 자신만의 습지 감성을 추억으로 간직할 수 있는 프로그램이다. 자연물 놀이교실은 자연물을 활용한 만들기 교실이다. 말린꽃과 열매를 골라서 자신만의 취향이 담긴 세상에 하나뿐인 자와 열쇠고리가 탄생한다.

생태해설사와 동행하는 '달성습지 곤충들과 가을여행' 프로그램은 가장 인기 높은 가족체험 프로그램이다. 생태해설사가 현장에서 직접 들려주는 습지이야기는 신기하고 재미있다. 습지에 사는 곤충 울음소리에 귀 기울이며 습지를 더 잘 이해하게 된다. 물억새가 은빛 장관을 이룬 모습도 만나고 오색으로 물드는 숲도 감상하는 프로그램이다.

해마다 열리는 '달성습지 자연학교'는 아이들이 학교에서 배울 수 없는 생생한 자연을 온몸으로 체험하는 시간이다. '봄을 맞아 깨어나는 식물', '수달을 찾아라' 등 다양한 주제로 자연을 알아 간다. '새들아 뭐하니?' 프로그램에 참가한 학생들은 퍼즐을 통해 새 이름 알아맞히기를 하고 찍찍거리는 직박구리와 왝왝거리는 왜가리를 소리로 구분해 본다. 나뭇가지로 새둥지를 만들고 망원경으로 고라니를 관찰하며 시간 가는 줄 모른다.

🪧 여행팁

주소 대구광역시 달성군 화원읍 구라1길 88
문의 053-631-0105

관람시간 : 09:30 ~ 18:00 , 입장 마감 17:30
(계절에 따라 마감시간이 변동되므로 홈페이지 참고하기)
매주 월요일, 1월 1일, 설날 및 추석당일 휴관
모든 체험프로그램은 홈페이지를 통해 예약제로 운영

'세계 희귀 곤충 표본전', '습지곤충과의 만남' 등 다양한 기획전시를 놓치지 말자. 3층 기획전시실에는 연중 특별전시가 열린다. 세계 희귀 곤충을 한자리에서 볼 수 있는 특별한 기회를 가질 수 있고 물방개, 잠자리, 개아재비 같은 수서동물과 사슴벌레, 도둑게, 타란툴라 등 육지곤충을 두 눈으로 직접 보고 손으로 만져 볼 수 있는 특별한 시간이 주어진다.

(사진 달성군)

주변 볼거리

천내리 지석묘군

화원읍 천내리 일대는 청동기시대의 지석묘가 모여 있다. 지석묘는 고인돌이다. 지구상에는 6만여 개의 고인돌이 있는데 그 중에 약 82%가 우리나라에 있다고 한다. 특히 천내리 지석묘군은 현존하는 지역 지석묘군 중에 가장 규모가 큰 청동기시대 지석묘군으로 알려져 있다. 지하에 판석과 깬돌로 묘실을 만든 뒤 받침돌을 놓고 덮개돌을 올린 바둑판식 고인돌이다. 예전에는 더 많았으나 지금은 8기가 남아 있다. 화원교도소 담장 밖에 4기가 있고 화장사에서 나머지 4기를 볼 수 있다. 그중 하나는 화장사 돌담 한가운데에 걸쳐져 눈길을 끈다.

◉ 대구광역시 달성군 화원읍 천내리 515-1 일대

(사진 달성군)

달성을 다 담다

옥포 권역
송해공원

송해공원
울창한 산과 드넓은 호수가 어우러진 국민관광지

영원한 '국민MC' 송해. 달성군 옥포읍에 그의 이름을 딴 '송해공원'이 있다. 연간 수십만 명이 찾는 대구 핫플레이스다. 푸른 호수를 배경으로 계절마다 형형색색의 꽃이 피고 무병장수를 보장하는 백세교가 호수 위를 가로지른다. 다리 한가운데 세워진 백세정에 오르면 옥연지 풍광이 한눈에 들어온다. 대형풍차, 초대형 보름달, 거대한 물레방아, 생태체험장 등 구석구석 눈길 끄는 볼거리들이 가득 차 있다. 국민과 함께 웃고 울던 송해를 모티브로 한 조형물과 기념관이 사람들에게 손짓한다. 옥연지를 한 바퀴 돌아볼 수 있는 둘레길은 번잡한 도심을 벗어나 일상에 지친 마음을 달래기에 그만이다.

여의도 면적 두 배 크기의 아름다운 호수, 송해공원으로 태어나다

송해공원은 달성군 옥포읍 기세리에 있는 옥연지 주변에 조성한 수변공원이다. 옥연지는 여의도 면적의 약 두 배에 이르는 아름다운 호수다. 옥포읍의 옥玉 자와, 인근 천년고찰 용연사의 연淵 자를 따온 이름이다. 동네 사람들은 마을이름을 따라 기세못이라 부르기도 한다.

1964년, 옥포 들녘에 농업용수를 공급하기 위해 조성한 농업용 저수지였다. 옥연지 주변을 공원으로 조성하면서 기세리가 제2의 고향인 송해의 이름을 붙여 '송해공원'이 탄생했다.

공원 입구에 들어서자 삿갓모자를 쓰고 활짝 웃는 송해 캐릭터 조형물이 반긴다. 송해 조형물 옆으로 아름다운 정원이 이어진다. 봄이면 알록달록 튤립들이 눈길을 사로잡고 여

여의도 두 배 면적의 옥연지

름이면 수국으로 뒤덮인다. 뒤이어 해바라기가 꽃을 피운다. 사계절 형형색색의 꽃들 너머 푸른 호수가 펼쳐진다.

드넓은 호수는 가슴이 뻥 뚫릴 만큼 상쾌하다. 주변을 감싼 푸른 산과 피톤치드가 온몸을 감싸고 아기자기한 정원이 눈을 즐겁게 한다. 대구 시민은 물론 전국에서 사람들의 발길이 이어지는 명소로 발돋움했다.

공원 입구의 송해조형물

백세 무병장수하는 백세교부터 프러포즈로드까지

공원 구석구석 다양한 조형물들을 감상하는 재미가 쏠쏠하다. 시원한 물줄기가 쏟아지는 대형 물레방아를 비롯해 트렁크를 끌고 가는 거대한 여행자 조형물이 시선을 사로잡는다. 특히 연인들 사이에 '프러포즈 공원'으로 인기가 높다. 하트로 만든 '러브터널' 입구에 '프러포즈로드'가 있다. 꽃을 들고 사랑고백을 하는 다정한 연인 모습을 형상화한 김병규 작가의 작품이 설치돼 있다.

옥연지를 가로지르는 백세교는 송해공원을 대표하는 랜드마크다. 태극문양인 S자로 놓인 백세교는 길이 392m, 너비 2.5m 규모를 자랑한다. 백세교는 한 번 건너면 100세를 살고, 두 번 건너면 무병장수한다는 뜻을 담은 이름이다. 시원한 호수 바람 맞으며 물 위를 걷는 백세교는 두 번이 아니라 세 번도 걸을 만큼 매력적이다. 백세교 한가운데는 백세정이 서 있다. 2층에 오르면 옥연지를 한눈에 담을 수 있다.

백세정 앞 호수 위에 대형 보름달이 떠 있다. 지름 5m 크기의 대형 인공달이다. 둥근 메

꽃과 호수가 어우러진 풍경

프러포즈 조형물이 반기는 러브로드

탈 구조로 만든 미술작품은 각기 다른 LED조명등 26개가 달 표면을 연출한다. 밤이면 은은한 빛이 더 아름답게 호수를 밝힌다. 물 위에 달그림자가 흔들리는 풍경은 진짜 달이 뜬 듯한 모습을 연출한다. 신나는 음악에 맞춰 뿜어져 나오는 조명분수는 송해공원의 또 다른 볼거리다.

호수 위에 놓인 백세교

울창한 산과 싱그러운 호수가 어우러진 둘레길

백세교를 건너면 울창한 산자락으로 산책로가 이어진다. 옥연지를 한 바퀴 돌아볼 수 있는 둘레길이다. 길옆에는 생강나무, 층층나무, 왕버들 등 울창한 나무가 우거져 싱그러움을 더한다. 맥문동과 구절초 등 갖가지 야생화가 발길을 멈춰 세우기도 한다.

둘레길을 걷다 보면 조금씩 표정을 바꾼 옥연지를 감상하며 쉬어갈 수 있는 전망대가 나타난다. 전망대마다 활짝 웃는 송해 얼굴과 함께 '담소', '박장대소', '실소', '폭소' 등 재미있는 이름이 붙어 있다. 전망대 외에도 흔들벤치 등 중간중간 쉬어 갈 수 있는 공간이 많다. 피톤치드 가득한 맑은 공기와 시원한 호수 전망이 걷는 내내 함께 한다.

담소전망대에 이르면 금굴 표지

옥연지 한 바퀴 돌아보는 둘레길

재미있는 이름의 전망대

판이 나타난다. 숲속 힐링길을 따라 10분 정도 가벼운 산길을 오르면 금굴에 닿는다. 십자가 형태의 금굴은 일제강점기에 만들어진 금광이다. 황룡, 적룡, 청룡이 날아다니는 은하수 터널, 용의 알과 용의 눈, 상상의 황금도시를 재현한 엘도라도, 알라딘 램프 등 다양한 포토존이 즐거움을 선사한다.

금굴을 나와 직전하다 보면 출렁다리를 만난다. 위아래로 흔들리며 아찔한 재미를 더한다. 이 밖에도 구름다리와 바람개비 쉼터가 기다린다.

원조 국민MC 송해, 정신적 고향인 달성에 묻히다

2022년 6월 국민MC 송해의 별세 소식이 전해졌다. 95세의 나이에도 불구하고 시청자들의 사랑을 한 몸에 받았던 방송인이다. 최고령 진행자로 기네스 세계기록에 등재된 지 한 달여 만의 일이라 안타까움이 더하다.

1927년 출생해 1955년 악극단 시절부터 한류 열풍까지 한국대중문화 변천사의 중심에 있었던 그다. 1988년부터 KBS 장수프로그램인 '전국노래자랑' MC를 맡아 34년간 진행하며 방방곡곡 웃음과 눈물을 함께 나누었다. 2003년 보관문화훈장을 수상할 때 "나는 딴따라다. 영원히 딴따라의 길을 가겠다"고 수상 소감을 밝혀 감동을 주었다. 2015년 은관문화훈장 수상 때는 "대한민국 대중문화 만세!"를 외치기도 했다.

그의 고향은 황해도 재령이다. 6·25전쟁 중에 그리운 어머니를 두고 혈혈단신으로 남

송해기념관(사진 달성군)

하했다. 일가친척 하나 없는 그에게 대구 달성은 제2의 고향이다. 24세에 대구 달성공원에서 통신병으로 근무하면서 부인 석옥이 여사를 만나 결혼하였고 부인의 고향인 달성군 옥포읍에서 실향민의 슬픔을 달랬다고 한다.

2010년 달성군에서 열린 전국노래자랑을 통해 그의 정신적 고향 달성에 대한 남다른 애정이 알려지면서 달성군 명예군민과 홍보대사로 임명됐다. 그 뒤 달성군을 위한 일이라면 성심을 다해왔다. 2016년 옥연지에 송해의 이름을 딴 공원이 조성되었고 대구 최고의 명소로 자리 잡았다. 2021년에 문을 연 송해기념관 인근에 송해 부부의 묘가 있다. 그는 생전 소원대로 먼저 간 아내 석 여사 옆에 안장되었다.

그가 기증한 소장품을 품은 송해기념관

지난 2021년에는 송해의 발자취를 한눈에 볼 수 있는 송해기념관이 문을 열었다. 선생이 직접 기증한 소장품과 사진 등 500여 점의 자료가 모여 있다. 환한 미소의 송해 얼굴이 벽면

| 1 | 1 송해기념관 내부(사진 달성군) |
| 2 | 2 송해기념관 카페와 옥상정원(사진 달성군) |

가득 그려진 기념관에는 95년 그의 발자취가 고스란히 담겨 있다. 1층은 기념품 전시판매장, 2층은 송해전시관과 체험실, 3층은 송해카페와 하늘정원으로 꾸며져 있다.

2층 전시관으로 들어서면 송해 전신사진이 활짝 웃는 얼굴로 맞이한다. 그의 파란만장한 인생사를 시대별로 만나 보고 위문열차, 스무고개, 웃으면 복이 와요, 싱글벙글쇼 등 그가 출연한 방송 프로그램들을 한눈에 볼 수 있다. 스케줄표와 전국노래자랑 대본, 사용하던 물건 등 그의 유품들을 전시해 둔 송해의 과거와 현재 등 다양한 코너들이 이어진다.

트로트가수 송해 코너에는 '내 고향 갈 때까지', '나팔꽃 인생' 등 그의 노래를 헤드폰으로 감상할 수 있다. 가장 인기 있는 공간은 역시 전국노래자랑이다. 전국노래자랑의 에피소드는 물론 임영웅, 이찬원, 송가인 등 유명연예인이 된 출연자들 영상을 볼 수 있다. "나는 무대에서 시작해서 무대에서 죽을 사람입니다. 죽는 그날까지 무대에서 사람들과 웃고 싶어요."라고 그가 남긴 말을 커다랗게 새겨 놓은 전시물 앞에는 사람들의 발길이 오래 머문다.

체험관에는 다양한 원데이클래스가 열린다. 한지공예부터 원예체험까지 다양한 원데이클래스를 체험한다. 3층으로 올라가면 카페와 옥상정원이 있다. 옥연지와 송해공원을 감상하며 마시는 커피 한 잔이 로맨틱하다.

 **여행팁**

주소   대구광역시 달성군 옥포읍 기세리 306
문의   053-668-2706

2018년 대한민국 명소 대상 수상

제21회 세종문화대상에서 송해공원이 올해의 명소 대상을 수상했다. 세종문화대상은 대한민국 최고의 명인, 명품, 명소에 대한 상이다. 우리 것을 소중히 여기며 대한민국 발전과 미래를 위해 노력하는 각계각층의 개인과 기업, 제품, 명소를 선정한다. 송해공원은 서울 청계천, 가평 자라섬에 이어 전국에서 세 번째 올해의 명소에 이름을 올렸다. 전국에서 가장 아름다운 수변공원으로 사랑받는 명소임을 재확인했다.

호수를 한 바퀴 돌아볼 수 있는 둘레길은 총 3.5km로 1시간 30분 정도 소요된다. 입장료와 주차료는 모두 무료이며 연중 무료다. 주변에 호수 풍광을 즐기며 차를 마실 수 있는 이름난 카페들이 몰려 있어서 또 다른 즐거움을 선사한다.

주변 볼거리

소계정

송해공원 2주차장 입구 맞은편에 소계정 이정표가 있다. 이정표를 따라 100m를 가면 소계정에 도착한다. 소계정은 후학 양성에 힘 쓴 소계 석재준을 기리기 위해 제자들이 건립한 정자다. 그의 호를 따 소계정이라 이름 지었다. 전면 3칸에 팔작

(사진 달성군)

지붕을 올린 소박하고 단아한 집이다. 옥연지가 그림처럼 내려다보인다. 소계 석재준은 원칙을 따르며 아름다운 전통을 지키려는 성품을 가진 분으로 한일합방으로 나라 잃은 슬픔을 고스란히 담은 그의 시비가 영당 앞에 서 있다. 광복 소식을 듣고 3일 후 편안한 얼굴로 세상을 떠났다 한다.

📍 대구광역시 달성군 옥포읍 옥포로57길 25-14

참살이달성농장

2012년 달성군 최초의 사회적기업으로 인정받은 곳이다. 달성군 최대의 화훼농장으로 온 가족이 즐길 수 있는 체험전문 농장이다. 풍란, 서양란 등 난향이 가득한 공간부터 다양한 다육이들, 국화, 목화 등 싱그러운 식물들을 감상하고 구매도 가

(사진 달성군)

능하다. 치유농장인 이곳은 중증장애인들의 재활을 위해 일자리를 창출하고 자립을 돕는 것은 물론 장애인과 비장애인의 사회통합을 이루는 공간이기도 하다. 지체장애인을 돕기 위한 상설바자회도 열린다.

📍 대구광역시 달성군 옥포읍 옥포로 92

달성을
다
담다

옥포 권역

용연사와 옥포벚꽃길

용연사와 옥포벚꽃길
봄날의 낭만 흐드러진 벚꽃길 지나
진신사리 모신 용연사로

매년 봄이면 옥포에 연분홍 강이 흐른다. 달성군 노인복지관부터 송해공원까지 차도 양쪽으로 아름드리 벚나무가 터널을 이룬 옥포벚꽃길이다. '대구 아름다운 거리'에 선정될 정도로 아름다운 이 길은 달성 명소 중 하나다. 끝없이 이어지는 벚꽃 터널 속을 달려 옥연지를 지나면 용연사에 닿는다. 용연사는 신라 신덕왕 때 창건된 천연고찰이다. 부처의 진신사리를 모신 적멸보궁과 보물 제539호인 달성 용연사 금강계단, 고려시대 삼층석탑 등 유서 깊은 문화재를 품고 있다. 고즈넉한 고찰에 풍경소리와 벚꽃향기가 그윽하다.

하늘 가득 꽃터널을 이룬 길

따스한 햇살이 겨우내 움츠린 몸을 풀어 주는 봄날이면 대구에서 가장 주목받는 곳이 있다. 아름드리 벚나무가 터널을 이루고 분홍 꽃잎이 하늘 가득 피어나는 길이다. 오래된 벚나무 가로수가 장관을 연출하는 이 길은 달성군 옥포로의 벚꽃길이다.

옥포벚꽃길은 달성군 노인복지관 앞에서 시작된다. 이곳에서 용연사 방향으로 1.5km 남짓 이어진다. 어른 남자가 두 팔을 한껏 벌려도 한품에 안기 힘들 만큼 우람한 벚나무들이 길 양쪽으로 나란히 줄지어 서 있다. 울창한 가지들은 하늘이 보이지 않을 정도로 맞닿아 있다. 가지마다 빼곡하게 꽃이 피면 분홍 꽃 터널로 변신한다. 봄바람이 살랑 불어오면 꽃향기 코끝을 스치고 그림처럼 꽃비가 내린다.

하늘 가린 벚꽃터널

이 길의 매력은 꽃길은 하나가 아니라는 것. 모두 세 갈래 벚꽃길을 자랑한다. 차량이 다닐 수 있는 벚꽃길 옆으로 도보전용 논둑길이 나란히 이어진다. 논둑길 벚꽃은 차량의 방해 없이 마음껏 벚꽃을 누릴 수 있는 공간이다. 꽃을 더 가까이 감상하며 인증샷을 원 없이 찍어도 좋다. 걷고 또 걷고 싶은 꽃길이다.

또 하나는 차량이 우회하도록 만든 도로인데, 이 길 역시 벚나무로 빼곡하다. 드라이브로 벚꽃을 즐기기에 안성맞춤이다. 우회 차도라서 제법 여유로운 꽃길 드라이브를 보장한다.

1968년에 조성되어 우람한 자태를 뽐내는 벚나무들

2010년 대구의 아름다운 거리로 선정됐다. 어느새 50년이 훌쩍 넘은 벚나무들은 남다른 자태를 뽐낸다. 이 벚꽃길이 조성된 사연도 남다르다. 1968년 당시 옥포양조장 대표 고 채상기 선생이 벚꽃으로 유명한 진해 군항제에 여행을 가서 그 아름다움에 매료되고 말았다. 진해에서 돌아오는 길에 자신의 고장도 벚꽃 명소를 만들어야겠다고 다짐하였다.

집으로 돌아오자 마자 일본에서 사비로 벚나무 묘목 3,000그루를 들여왔다. 2년 동안 200평의 논에 심어 정성껏 성목으로 키웠고 화원읍과 옥포읍 곳곳에 식재했다고 한다. 아쉽게도 도시화 과정으로 도로가 확장되면서 반 이상은 사라지고 지금의 옥포벚꽃길만 남았다.

벚꽃길 한쪽에 세워진 공덕비는 그의 뜻을 기리고 있다. 공덕비에는 "오늘 내가 남긴 발자국은 뒤에 오는 이에게는 소중한 길이 된다"는 그이 말이 새겨져 있다.

해마다 벚꽃이 만발하는 때면 옥

50년이 훌쩍 넘은 우람한 벚나무들

| 1 | 2 |

1 만발한 벚꽃 | 2 2010년 대구의 아름다운 거리에 선정되다.

포벚꽃축제가 열린다. 채상기 선생의 공덕을 기리는 고유제를 시작으로 농악과 한국무용 등 다양한 공연이 펼쳐진다. 청중들에게 가장 큰 박수와 웃음을 이끌어 내는 벚꽃가요제도 열리고 비누방울 체험 등 흥미진진한 체험프로그램을 운영한다.

912년에 창건된 천년 고찰, 용연사

옥포벚꽃길은 용연사 가는 길목이다. 화사한 벚꽃의 여운을 안고 고즈넉한 매력의 용연사로 걸음을 옮겨보자. 예부터 명산에는 오래된 산사가 자리한다. 신라시대에 비슬산 일대에 산재한 암자가 3,000여 개에 이르렀다고 한다. 지금도 유가사, 용천사, 남지장사 등 이름난 절이 많다. 그 가운데 용연사를 으뜸으로 쳤다.

　912년 신라 신덕왕 1년에 보양국사가 창건했다고 전한다. 임진왜란 때 소실되었다가 1603년에 사명대사의 명으로 재건되었다. 그런데 1650년에 불이 나서 종각만 남긴 채 몽땅 타버리고 말았다. 이를 다시 복구하고 여러 차례 중수를 거쳐 한때는 200칸이 넘는 가람과

용연사 일주문

거주하는 승려만 500여 명에 이르는 대가람으로 우뚝 서기도 했다.

그 뒤로도 화재와 중수를 거듭하며 지금에 이르렀는데 적멸보궁과 극락전을 비롯해 영산전, 명부전, 삼성각, 안양루, 일주문 등의 건물이 남아 있다.

부처님 진신사리를 모신 적멸보궁

일주문을 지나면 길이 양 갈래로 나뉜다. 왼쪽으로 계단을 오르면 적멸보궁, 오른쪽으로 가면 극락전이다. 적멸보궁으로 가는 왼쪽 계단 앞에 일각문이 서 있다. 일각문을 지나 제법 가파른 계단이 이어진다. 계단 끝에 '금강계단' 현판을 단 이층 누각이 반긴다. 누각 아래를

우리나라 8대 적멸보궁 중 하나인 용연사 적멸보궁

통과하면 적멸보궁이 보인다. 부처님 진신사리는 적멸보궁 뒤 금강계단에 모셔져 있다. 통도사에 비해 규모는 작지만 금산사와 더불어 계단형 진신사리탑을 모신 세 곳 중 하나다.

용연사에 부처님 사리가 모셔진 것은 스님들의 호국정신과 관련이 있다. 임진왜란 때 통도사에 모셔진 진신사리가 위험해지자 사명대사가 금강산으로 모셔 가던 중에 안전한 용연사에 보관하였다. 난이 끝난 뒤 사리 2과 중 1과는 통도사로 돌려보내고 1과는 용연사에 모시게 되었다 한다.

당시 비슬산은 최대 승병 훈련장이었고 승병을 훈련시키던 사명대사가 이곳 용연사에 기거했다. 최근 법당을 개수하다 발견된 복장 유물에서 영조 때 246명의 승병이 있었다는 기록이 발견됐다. 용연사가 호국불교의 산실이었음을 말해준다.

보물 제539호로 지정된 용연사 금강계단은 소박하면서도 기품이 넘친다. 2단의 기단 위에 종모양의 탑신이 올려져 있다. 그 앞에는 큼직한 제단이 놓여 있고 아담한 석등이 지키고 서 있다. 적멸보궁 내부에는 불상이 없다. 불단 대신 금강계단이 보이도록 투명 유리창이 나 있다. 유리창 너머 보이는 진신사리탑을 보며 예불을 올린다.

진신사리 모신 금강계단

적멸보궁이란 부처님의 육신과 다름없는 진신사리를 모신 곳. 보궁은 석가모니가 깨달음을 얻은 후 보리수 아래 금강좌에서 최초의 적멸도량회를 열었던 것에서 비롯되었다. 법당 내에 불상을 모시는 대신 바깥에 계단을 설치해 사리를 봉안하고 있다. 부처가 항상 그곳에서 적멸의 법을 설하고 있음을 상징한다. 우리나라에서는 643년 신라 승려 자장대사가 당나라에 갔다가 귀국길에 가져온 부처의 사리와 정골을 나누어 봉안한 5대 적멸보궁이 있다. 양산 통도사, 오대산 상원사, 설악산 봉정암, 태백산 정암사, 사자산 법흥사가 5대 적멸보궁으로 손꼽힌다. 최근에는 고성 건봉사, 구미 도리사 그리고 용연사를 합쳐 8대 적멸보궁으로 부른다.

보물 제1813호 목조아미타여래 삼존좌상과 극락전

적멸보궁을 둘러보고 다시 계단을 내려와 맞은편 계단을 오르면 사천왕문이 기다린다. 사천왕문을 지나면 극락전이 나온다. 극락전 앞마당에는 삼층석탑이 홀로 서 있다. 1층 기단 위에 3층 탑신을 올린 삼층석탑은 왜소하면서도 강직한 모습이다. 통일신라의 양식을 따르

1 극락전으로 가는 천왕문 | 2 극락전

고 있으나 지붕돌의 조각양식을 보아 고려시대 것으로 추정 된다.

용연사의 가장 중심 건물인 극락전은 대구광역시 유형문화재 제41호로 소박하면서 기품 있는 법당이다. 안에는 보물 제1813호인 목조아미타여래 삼존좌상을 모셨다. 삼존불 뒷벽에 후불탱화, 불단 천장에 조각한 닫집과 용머리 조각 등 눈길 가는 곳마다 멋과 품격이 서려 있다.

사명대사를 모신 사명당과 명부전 그리고 화강석으로 된 7기의 부도탑을 둘러보면 용연사의 유서 깊은 역사가 고스란히 느껴진다.

보물 제1813호 목조아미타여래 삼존좌상

🚩 여행팁

용연사

주소   대구광역시 달성군 옥포읍 용연사길 260
문의   053-616-8846
홈페이지   http://www.yongyeonsa.org

옥포벚꽃길

주소   대구광역시 달성군 옥포읍 기세리 969-35

용연사는 용이 살던 연못에 관한 전설이 전해온다. 전설에 따르면 옥포읍 반송리에 용연지라는 못이 있었다. 가뭄에도 마르지 않는 영험한 못이었다. 그런 마을에 왜적이 쳐들어와 마을 청년 일곱 명이 목숨을 걸고 싸우다가 비통하게 전사하였고 그 뒤로 못이 마르기 시작했다. 마을사람들이 그들의 혼을 달래는 제사를 지내자 다시 물이 차올랐고 그 후 못에 일곱 마리의 용이 살기 시작했다. 수호신이 되어 마을을 지키던 용들이 승천할 때가 되자 네 마리는 무사히 승천을 하고 나머지 세 마리는 못에서 죽음을 맞았다. 죽은 용을 위해 절을 짓고 용연사라고 이름지었다 한다.

주변 볼거리

청송꽃돌전시관

옥포벚꽃길에서 용연사로 가는 길에 특별한 전시관이 자리하고 있다. 청송꽃돌전시관이다. 꽃모양의 아름답고 기하학적인 문양이 새겨져 있어서 꽃돌이라 부른다. 7천만 년 전 뜨거운 마그마가 급격하게 식으면서 만들어졌다. 냉각되는 속도에 따라 국화부터 해바라기까지 다양한 꽃모양을 띤다. 모던하고 세련된 외관의 전시관으로 들어서면 신기한 꽃돌들이 가득하다. 모두 300여 점이나 되는 꽃돌은 저마다 독특한 모양을 뽐낸다. 넉넉한 전시공간은 아름다운 꽃돌을 부담 없이 만나 볼 수 있다.

📍 대구광역시 달성군 옥포읍 기산2길 14

달성을
다
담다

옥포 권역

교항리 이팝나무 군락지

교항리 이팝나무 군락지
대구를 대표하는
명품 이팝나무 군락지

대구 하면 떠오르는 나무는 무엇일까? 천연기념물 제1호로 지정된 도동 측백나무 숲, 우리나라에서 가장 오래되었다는 80살의 홍옥사과나무를 포함해 자랑스러운 나무가 많다. 달성군 옥포읍 교항리에도 명품 이팝나무 군락지가 있다. 400년 마을 역사와 함께 하는 숲에는 300살이 넘는 이팝나무 32그루를 비롯해 500여 그루의 이팝나무가 모여 산다. 세월이 느껴지는 노거수들이 하얀 꽃을 피우는 5월이면 전국에서 여행객들의 발길이 끊이지 않는다. 셔터만 누르면 작품이 되는 사진명소로도 인기를 얻고 있다.

보호림으로 지정된 400년 역사의 이팝나무숲

봄 햇살 화창한 5월에 새하얀 눈꽃으로 뒤덮이는 곳이 있다. 달성군 옥포읍 교항리에 있는 이팝나무 군락지다. 숲을 이룬 나무 사이로 걷기 좋은 산책로가 나 있다. 입구에 서면 은은한 향기가 코끝을 간질이고 머리 위로는 하얀 꽃들이 장관이다.

가로수로 많이 조성되는 이팝나무가 이처럼 군락을 이루어 자라는 곳이 흔치 않다. 교항1리에서 100m 정도 떨어진 구릉지가 온통 이팝나무로 뒤덮여 있다. 대구경북지방에서 유일하게 집단으로 자생하는 이팝나무 숲이다.

1991년 산림유전자원 보호림으로 지정된 교항리이팝나무군락지는 면적이 1만6,000㎡에 이른다. 수령 300년이 넘는 이팝나무 32그루를 포함해 1990년 중반에 심은 수백 그루의

5월의 이팝나무숲

수령 300년에 이르는 나무들이 빼곡하다.

이팝나무가 함께 자란다. 150년 남짓 느티나무와 굴참나무, 말채나무를 포함한 거목들이 더불어 자라고 있어서 숲이 더 울창하다.

    세정숲이라고도 불리는 이곳은 400여 년 전 마을이 조성되던 무렵부터 생긴 오랜 숲이다. 마을 보호림으로 조성되어서 숲을 해치는 사람에게는 백미 한 말이라는 큰 벌금을 내도록 했다. 마을사람들은 땔감이 없을 때에도 이팝나무만은 베지 않았다고 한다.

    꽃이 필 때면 모판을 마친 남자들이 숲에서 농악놀이를 하며 쉬었고 여자들은 꽃놀이를 즐겼다고 한다. 지금도 마을에서는 해마다 경로잔치를 여는 소중한 곳이다. 2013년에는 행정안전부 주관한 '우리 마을 향토자원 베스트 30선'에 선정되기도 했다.

셔터를 누르기만 하면 작품이 되는 인생사진 명소

푸르른 여름, 단풍 고운 가을을 포함해 사철 아름다운 숲이지만 이팝나무숲이 가장 예쁠 때는 역시 5월이다. 전국의 사진작가들과 인생샷을 남기려는 사람들의 발길이 줄을 잇는다. 이팝나무 꽃말이 영원한 사랑이라서일까. 손잡고 나란히 걷는 연인들의 모습이 유난히 많이 보인다.

인생사진 명소로도 소문이 자자하다. 거울을 이용해 데칼코마니처럼 이색 사진을 찍을 수 있는 포토존부터 커다란 이팝나무 꽃송이를 손에 올려놓은 듯 찍을 수 있는 포토존까지 사진 찍는 재미가 쏠쏠하다.

입구에는 아직 어린 나무들이지만 안으로 들어갈수록 300년이 넘는 나무들이 우람한 자태를 뽐내며 시선을 압도한다. 굵은 가지를 땅으로 늘어뜨린 나무, 어른 둘이서 안기 힘든 나무들이 이어진다. 산책로 끝에 있는 거대한 노거수는 놓칠 수 없는 포인트다.

인생샷 명소

이팝나무 이름에 얽힌 유래

그 옛날 먹을거리가 부족하던 시절에는 보릿고개가 있었다. 겨울을 지내며 곡식이 떨어지고 아직 보리타작을 하기 전이라 일 년 중 가장 배가 고픈 시기를 보릿고개라 불렀다. 이 무렵 이팝나무에 하얀 꽃이 핀다. 얼마나 배가 고팠으면 나뭇가지마다 흐드러지게 핀 하얀 꽃이 이밥을 수북 담아 놓은 것처럼 보였고 한다. 그래서 이밥나무 즉 이팝나무라 불렀다는 웃지 못할 이야기다.

이팝나무에 전해오는 여러 가지 전설 중에 효자 나무꾼 이야기가 있다. 한 가난한 나무꾼이 어머니를 모시고 살았다. 그 어머니는 오랫동안 병석에 누워 지내며 식사도 잘 하지 못했다. 어느 날 어머니가 아들에게 "애야, 흰쌀밥이 먹고 싶구나"하고 말하자, 아들은 너무나 반가운 마음에 부엌으로 달려갔다. 쌀독에는 딱 한 그릇의 쌀이 남아있었다. "내 밥이 없으면 어머니가 걱정되어 밥을 안 먹으려고 할 텐데, 어떡하지"하고 걱정하던 아들에게 좋은 생각이 하나 떠올랐다.

마당에 있는 큰 나무에 올라가 하얀 꽃을 듬뿍 따서 자기 밥그릇에 수북하게 담고 어머니에게 흰쌀밥을 드렸다. 어머니가 오랜만에 맛있게 식사하는 모습을 보자 하얀 꽃밥으로도 배가 불렀다. 마침 그곳을 지나던 임금이 그 사실을 알고 감동하여 나무꾼에게 큰 상을 내렸다. 그 뒤로 사람들은 그 나무를 '이밥나무'라고 부르게 되었다는 이야기다.

이팝나무 꽃이 풍성하면 그해 벼농사가 잘 된다고 해서 이팝나무라 불렀다는 설도 있고 입하 무렵 피는 꽃이라 하여 입하나무라 부르다가 이팝나무로 변했다고도 한다.

하얀 쌀밥처럼 생긴 이팝나무 꽃

여행정보

주소 대구광역시 달성군 옥포읍 교항리 958

달성군은 지난 2013년 군 개청 100년을 맞아 기존 은행나무였던 군목을 이팝나무로 바꾸었다. 풍년을 상징하는 이팝나무가 비옥한 땅 달성의 이미지와 잘 맞다. 특히 달성군의 이팝나무 16그루가 박근혜 대통령 시절 청와대 조경수로 식수되면서 명성을 얻기도 했다. 교항리 이팝나무 군락지 외에도 마비정 벽화마을로 들어가는 길목을 비롯해 대대적으로 이팝나무 길을 가꾸고 있다. 나눔과 풍요의 상징인 이팝나무처럼 달성군의 구석구석이 사랑스러운 공간으로 바뀌고 있다.

주변 볼거리

옥포생태공원

교항리 이팝나무 군락지에서 3km 떨어진 곳에 자리한다. 낙동강 풍경이 넉넉히 펼쳐지고 낙동강종주자전거길이 바로 옆으로 이어진다. 인위적인 시설을 최소화한 자연 그대로의 모습이 매력적이다. 전망대와 파고라는 낙동강뷰 명당이다. 온종일 바라봐도 지루한 줄 모르는 강 전망을 만끽할 수 있다. 수변을 따라 놓인 길을 걷다 보면 사계절의 자연을 고스란히 만나게 된다. 봄이면 신록으로 물드는 버드나무를 가을이면 억새의 낭만을 선사한다.

(사진 달성군)

📍 대구광역시 달성군 옥포읍 본리리 132-1

신당수박 정보화마을

비슬산과 낙동강을 곁에 둔 신당마을은 대구에서도 청정지역으로 손꼽힌다. 특히 낙동강변의 비옥한 땅과 깨끗한 물로 생산되는 신당수박은 청정수박으로 인기를 얻고 있다. 전국에서 가장 우수한 품질의 수박을 분양하는 것은 물론 다양한 농촌체험을 운영한다. 웰빙 오곡보리떡 만들기, 천연염색체험, 허브화분심기 등 사철 흥미진진한 체험들이 기다린다. 일일 체험 외에도 주말농장 텃밭분양도 인기가 높고 낙동강 물레길 자전거타기와 파크골프체험 같은 자연을 즐기는 체험도 있다.

(사진 달성군)

📍 대구광역시 달성군 옥포읍 금계길 87

달성을
다
담다

―――――

논공 권역
달성노을공원

달성노을공원
뒷짐 지고 느긋하게
노을 감상하기

자연은 지친 일상에 큰 위로다. 낙동강변 달성보 옆에 자리한 달성노을공원은 도심 속 공원과는 다른 풍경을 자랑한다. 30만 평 규모의 공원 옆으로 낙동강이 유유히 흐르고 억새가 출렁이는 억새물결원과 코스모스 하늘거리는 담소원 등 명품 정원과 걷기 좋은 산책로가 나 있다. 천년별빛광장, 달성나래센터 등 볼거리도 많다. 달성나래센터는 쉼터와 전망대까지 갖추었다. 전망대에 오르면 탁 트인 조망이 압권이다. 낙동강을 물들이는 붉은 노을과 달성보의 야경은 이곳 최고의 자랑거리다. 숨 가쁜 일상을 벗어나 뒷짐 지고 노을에 빠져보자.

낙동강 노을 명소 달성나래센터

낙동강의 낭만은 노을이 질 무렵이다. 하루해가 서서히 내려앉으며 하늘과 강물을 온통 붉게 물들인다. 잔잔한 낙동강 물길이 노을에 물들면 마음의 물결도 고요해지는 기분이다. 그저 뒷짐 지고 느긋하게 '물멍', '노을멍'에 빠져들면 바쁘게 달려온 일상도 잠시 멈춘다.

달성노을공원은 낙동강 노을을 감상하기에 최적의 장소다. 막힘없이 탁 트인 강변 풍경은 하늘과 강이 하나로 물드는 장관을 감상할 수 있다. 강변에 서면 호수처럼 넓은 강물과 유유히 흐르는 물길이 바로 눈앞에 펼쳐진다.

달성나래센터 전망대에 오르면 또 다른 낙조 풍경을 볼 수 있다. 머리 위로 시시각각 변하는 저녁하늘이 손에 잡힐 듯하고 발아래 낙동강 물길이 하늘과 하나로 물든다. 세상 가장

달성나래센터

1 환상의 노을이 펼쳐지는 달성나래센터 전망대 | 2 통유리창으로 된 4층 전망대

아름다운 수채화 앞에 감탄사가 연발한다. 핸드폰에 사진을 수백 장 담고 나서도 노을은 한동안 이어진다. 휴대폰도 내려놓고 느긋하게 노을에 빠져든다.

달성나래센터는 달성노을공원의 핵심 건물이다. 5층 높이의 타워형 건물이 우주발사대를 떠올리게 한다. 4층에 둥근 전망대가 우주선처럼 공중에 달린 독특한 외관이다. 1층은 달성보 운영사무소, 2층은 편의점과 키즈놀이방, 3층은 공연장과 쉼터가 있고 4층은 둥근 통유리로 된 전망대가 자리한다. 5층은 옥상전망대다.

사방 유리로 된 4층은 더위나 추위, 비바람에도 상관없이 관람이 가능한 실내전망대이고 막힘없이 뻥 뚫린 5층 실외전망대는 가슴까지 후련하다. 4층까지 엘리베이터가 운행되어 힘들이지 않고 낙동강 전경을 한눈에 담을 수 있다.

가슴 뻥 뚫리는 전망

오색 빛깔 수놓는 야경명소 달성보

노을이 사그라들면 놓칠 수 없는 또 하나의 풍경이 시작된다. 바로 달성보의 야경이다. 해가 지고 서서히 조명이 켜지면 낮보다 아름다운 밤이 열린다. 달성보는 크루즈 뱃머리모양의 교각들이 줄지어 서 있다. 낮 동안에는 그저 콘크리트로 된 교각일 뿐이지만 밤이면 180도로 변한다. 빨강, 노랑, 초록, 파랑, 보라 다섯 가지 색이 빛을 발산하며 멋진 야경을 수놓는다. 불이 켜지면 정말 거대한 크루즈가 오색 물살을 가르며 전진하는 느낌이다.

달성보는 2011년 4대강 정비사업으로 인해 준공되었다. 달성군 논공읍 하리와 경북 고령군 개진면 인안리를 잇는 낙동강의 보다. 총길이 589m이며 40m×8m 크기의 거대한 수문 3개가 설치되어 있다. 보 위의 달성교는 사람과 자전거 통행이 가능하다. 크루즈 모양의

달성보 야경

낙동강 풍경이 한눈에

교각 위에 서면 배를 타고 낙동강을 유람하는 기분이 든다. 드넓은 낙동강 풍광과 얼굴을 스치는 강바람이 가슴 속까지 상쾌하다.

달성보는 낙동강을 한눈에 담을 수 있는 달성나래센터를 비롯해 약산여울, 억새물결원, 오실나루, 담소원 등 강변의 자연을 고스란히 누릴 수 있도록 꾸며져 있다. 억새물결원을 지나 담소원까지 걷기 좋은 산책로가 이어진다. 광활한 억새밭에 왕버드나무가 드문드문 서 있는 강변 풍경을 감상하며 걷는 길이다.

피크닉 명소 잔디광장까지 즐길거리 가득

달성나래센터와 마주 보고 있는 천년별빛광장은 달성보를 지키는 12성좌 별자리와 별빛타워가 세워진 광장이다. 밤이 되면 별빛타워에 형형색색의 조명이 켜지고 바닥에 12성좌가 반짝반짝 빛난다.

별빛광장을 병풍처럼 감싸고 있는 최봉수 작가의 '낙동강12경'이 눈에 띈다. 낙동강 제1경부터 12경까지를 형상화한 작품이다. 12경 중에 제6경인 달성습지가 아름답게 표현되어 있다.

달성보의 드넓은 잔디광장은 피크닉 장소로 유명하다. 오전 9시부터 오후 6시까지 잔디광장에 그늘막과 간단한 테이블 그리고 캠핑의자 설치가 허용된다. 그늘막 아래서 앉아 솔솔 불어오는 강바람 맞으며 강 풍경을 감상하는 힐링 명당이다. 가벼운 산책과 운동을 즐기며 준비해 간 도시락을 먹을 수 있다. 다만 취사와 야영은 금지며 쓰레기는 되가져가야 한다. 때때로 전시회와 장터가 열리고 달성군 사회적기업과 자원봉사센터 등에서 마련한 체험행사가 펼쳐져 볼거리와 즐거움을 더한다.

1	1 천년별빛광장
2	2 낙동강 12경을 담은 조형물
3	3 피크닉 성지

여행팁

주소　　대구광역시 달성군 논공읍 하리 899

낙동강자전거길 달성보 인증센터

자전거로 국토를 종주하는 국토종주 자전거길은 12개가 개통되어 있다. 그중에 낙동강 자전거길은 안동댐 월영교에서 부산 하굿둑 종점까지 389km에 이른다. 이 중 대구구간 223km 대부분은 달성군을 지나게 된다. 주변에 도동서원을 비롯해 사문진 나루터, 하목정 등 달성의 명소가 산재해 있다. 특히 낙동강 국토종주 자전거길에서도 강정고령보와 달성보를 잇는 구간은 라이더들 사이에서도 아름답기로 호평이 나 있다. 달성보에는 인증센터와 함께 쉼터와 편의점이 잘 조성되어 있어서 지친 라이더의 심신을 위로해 준다.

주변 볼거리

100년달성뿌리광장

'달성 꽃피다'의 슬로건을 내건 달성군은 2014년 개청 100주년을 맞았다. 100주년을 기념하기 위해 달성수변공원을 100년 달성뿌리광장으로 이름 짓고 광장 한가운데에 100년 타워를 우뚝 세웠다. 군조인 두루미의 날개와 군화인 참꽃을 형상화한 100년 타워는 금방이라

(사진 달성군)

도 하늘로 솟아오를 듯 날갯짓하는 모습이 웅장하다. 100년 타워 주변은 사철 아름다운 꽃이 피고 나무들이 빼곡한 멋진 공원이다. 공원 구석구석에는 달성 대구현대미술제에 출품한 예술작가들의 다양한 작품들이 전시되어 있다. 다리가 놓인 연못은 한여름이면 연꽃으로 뒤덮인다. 2016년에 방영된 인기 드라마 '달의 연인' 촬영지로도 유명하다. 공원 앞에는 유구한 역사와 전통을 간직한 달성군 청사가 자리한다.

📍 대구광역시 달성군 논공읍 금포리 1173-2

금계산

달성군청사 뒤편 금계산은 해발 489.3m의 나지막한 산이다. 금계포란형의 형세를 지닌 명당이라는 뜻에서 따온 이름이다. 산행 들머리는 울창한 소나무 숲길이다. 솔향기 맡으며 걷다보면 능선에 닿는다. 돌더미산이라는 애칭을 가진 만큼 능선 길은 아기자기한 바위들을

(사진 달성군)

보며 걷는 재미가 쏠쏠하다. 비교적 낮은 산임에도 불구하고 전망은 압권이다. 발아래 달성군 도심들과 낙동강이 태극모양으로 휘어져 흐르는 모습이 파노라마처럼 펼쳐진다.

📍 대구광역시 달성군 논공읍 노이리

달성을
다
담다

논공 권역
논공꽃단지

논공꽃단지
SNS 성지로 떠오른 명품 정원

낙동강에서 불어오는 바람에 이리저리 꽃들이 흔들린다. 형형색색 꽃밭 사이로 걷기 좋은 산책로가 이어진다. 봄부터 가을까지 계절마다 옷을 갈아입으며 탐방객을 맞이한다. 봄에는 노란 유채가 물결치고 여름에는 수레국화가 반긴다. 가을이면 황금빛 해바라기가 환하게 웃음 짓고 핑크뮬리가 핑크빛 구름처럼 몽실몽실 피어난다. 손 마주 잡고 걷는 연인들의 얼굴이 꽃처럼 환하고 카메라에 담긴 사진마다 모네의 그림을 닮았다. 누군가에겐 일상의 피로를 씻어 주는 산책로로 누군가에겐 SNS 사진 성지로 알려진 이곳, 명품정원 논공꽃단지다.

낙동강바람에 물결치는 유채꽃 바다

달성 논공읍은 천혜의 자연을 품은 유서 깊은 고을이다. 서쪽으로는 낙동강이 휘돌아 흐르고 동남북 삼면으로 비슬산이 감싸 안았다. 달성산업단지의 자부심이 대단하여 공업도시의 이미지에 가려졌지만 사실 수려한 자연환경이 일 년 내내 청정하다. 이곳의 봄가을에는 눈부신 색의 향연이 펼쳐진다.

봄부터 가을까지 논공삼거리 낙동강변에 꽃잔치가 벌어진다. 1만3,000㎡ 넓이의 단지에 거대한 수채화가 그려지는 셈이다. 봄이면 노란 유채로 시작해 장미와 가우라, 수레국화가 차례로 피어난다. 유채꽃은 긴긴 겨울이 끝나고 봄을 알리는 전령사다. 바람이 조금만 불어도 가느다란 꽃대가 한들한들 흔들리며 노란 물결을 일으킨다.

형형색색 꽃잔치

봄날의 유채 바다(사진 달성군)

유채가 지면 장미와 가우라, 수레국화가 배턴을 이어받는다. 붉은빛 장미는 사람의 마음을 유혹하기에 충분히 아름답다. 장미가 질 무렵 가우라가 하나둘 피기 시작한다. 나비바늘꽃이라고도 불리는 가우라는 꽃모양이 나비를 닮았다. 강바람이 불어오면 수천수만 마리의 나비가 하늘거리는 장관을 연출한다. 파스텔톤의 수레국화는 여름 동안 꽃단지를 찾는 손님들을 환영한다.

논공꽃단지 여름 풍경

가을에는 샛노란 해바라기와 분홍구름 핑크뮬리 사이로

가을이면 꽃들이 절정에 달한다. 그 시작은 해바라기다. 늦여름부터 꽃이 피기 시작하지만 9월이 최고다. 파란 가을하늘 아래 황금빛 바다를 이룬다. 꽃이 해를 따라 움직인다고 해서 해바라기다. 꽃말이 '일편단심'인 것도 그런 이유다. '일편단심 당신을 사랑합니다'라는 꽃말 외에도 존경, 사모, 그리움 등 로맨틱한 꽃말을 갖고 있다. 그래서인지 해바라기가 필 때면 손을 맞잡은 연인들이 유난히 눈에 띈다. 꽃길을 거니는 연인들의 얼굴이 만개한 해바라기만큼이나 환하다.

    해바라기 외에도 황화코스모스와 핑크뮬리가 로맨틱한 분위기를 더한다. 황화코스모스는 핑크빛의 일반 코스모스와는 달리 다홍색과 진노란색의 화려한 빛깔을 뽐낸다. 연약한 코스모스 이미지와 반대로 파워풀하고 열정적인 빛깔이다. 강렬한 색감 덕분에 SNS 사진

황금빛 해바라기가 장관 (사진 달성군)

| 1 | 1 살랑살랑 가을 분위기 물씬 |
| 2 | 2 가을 정취 더하는 핑크뮬리(사진 달성군) |

논공꽃단지

명소로 폭발적인 인기를 누린다. 카메라에 담긴 건 인상파 화가 모네의 그림 같다. 살랑살랑 바람이 불 때마다 꽃향기가 아찔하다.

사진 맛집 인기로는 핑크뮬리도 뒤지지 않는다. 연분홍빛 솜사탕 같은 핑크뮬리는 색다른 추억을 안겨준다. 핑크뮬리 사이로 걷다 보면 몽글몽글 핑크빛 구름 위를 걷는 기분에 사로잡힌다. 핑크뮬리는 쥐꼬리새속 볏과에 속하는 여러해살이 풀이다. 가까이서 보면 벼처럼 작은 낟알이 옹기종기 달려 있다. 날이 추워지면 누렇게 색이 바래지만 10월 말까지는 분홍색 핑크뮬리를 볼 수 있다.

꽃단지와 낙동강자전거길

걷기 좋은 꽃길 어디나 포토존

논공꽃단지가 처음 문을 연 건 2017년이다. 문을 열자마자 빠르게 입소문을 타기 시작했다. 인근 주민뿐만 아니라 전국 각지에서 찾아오는 명소로 자리 잡았다. 형형색색의 꽃과 함께 유유히 흐르는 낙동강 풍경을 즐길 수 있는 것도 사랑받는 이유 중 하나다. 꽃밭에 취해 걷다가 고개를 들면 꽃밭 너머 강물이 햇살에 반짝인다. 간간이 불어오는 강바람이 꽃길에 낭만을 불어넣는다. 해가 지는 시간에는 예쁜 노을빛으로 물드는 낙동강도 감상할 수 있다.

이곳은 낙동강자전거길이 통과한다. 달리기 쉬운 평지에 강풍경과 꽃길을 통과하는 코스로 자전거마니아들 사이에 인기가 높다. 산책로 역시 평평하고 걷기 좋다. 거동이 불편한 노인과 어린아이들도 아주 편하게 둘러볼 수 있을 정도다.

꽃밭 사이로 조성된 탐방로에는 다양한 포토존도 마련되어 있다. 꽃으로 장식된 대문과 이색조형물이 눈길을 끈다. 작지만 아기자기한 무지개정원이 새로운 볼거리를 제공한다. 구석구석 꽃향기 맡으며 쉴 수 있는 쉼터도 있다.

| 여행팁 | 주소 | 대구광역시 달성군 논공읍 남리 192 일대 |

별도의 입장료가 없고 연중무휴로 운영된다. 큰 나무나 그늘막이 없는 광활한 곳이다. 한여름에는 모자나 양산, 선글라스를 준비하는 것이 좋다. 봄가을에는 아침저녁 강바람이 차다. 방한복을 챙겨가자. 삼각대는 필수다. 사진 명소인 만큼 카메라는 물론 삼각대를 잊지 말자. 손 삼각대만으로는 광활한 꽃밭 배경을 다 담기에 부족하다.

주변 볼거리

달성산업단지근린공원

달성 논공읍은 경부고속도로와 구마고속도로는 물론 중부내륙고속도로 및 중앙고속도로가 가까운 사통팔달 교통의 요지다. 포항, 울산, 구미를 비롯해 부산과 수도권까지 접근성이 아주 좋은 논공읍에 1985년 논공공업단지가 들어섰다. 1997년 달성산업단지로 명칭이 바뀌었고 현재 영남 대륙권 최고의 첨단 산업 집적지로 자리 잡았다.

　　달성산업단지 내에 있는 돌구산 자락에 근린공원이 조성되어 있다. 나지막한 산이지만 숲은 더없이 울창하다. 하늘을 가리운 나무 사이로 숲길을 걷다 보면 전망대와 정상으로 이어진다.

대구광역시 달성군 논공읍 본리리 산50

달성군민운동장

1985년에 조성된 3만1,622㎡의 종합운동장이다. 축구장과 테니스장, 배구장, 게이트볼장을 포함한 각종 체육시설과 주민운동시설이 함께 들어서 있다. 곳곳에 쉬어 갈 수 있는 정자와 벤치가 놓여 있고 울창한 나무들이 공원처럼 푸르다. '달성군민의 날', '달성군민체육대회'를 비롯해 크고 작은 행사들이 열리는 주무대이기도 하다. 여름에는 어린이 물놀이장이 개장되고 산책로와 쉼터는 마을 어른들의 사철 사랑방으로 북적인다.

(사진 달성군)

대구광역시 달성군 논공읍 논공로 697-10

달성을
다
담다

―――

다사 권역

강문화관 디아크와
죽곡댓잎소리길

강문화관 디아크와 죽곡댓잎소리길
디아크, 세계적 예술작품이 되다

낙동강과 금호강은 달성군에서 하나가 된다. 이 두 강이 만나는 두물머리는 예부터 아름다운 명소로 소문이 자자했다. 강을 따라 수많은 누각과 정자들이 줄을 잇고 시인묵객들의 사랑을 받았다. 지금 그 자리에 새로운 랜드마크가 등장했다. 세계적인 건축가 하니 라시드가 만든 강정보 디아크다. 하나의 예술 작품으로 손꼽히는 디아크 건물은 물 위로 힘차게 뛰어오르는 물고기를 닮았다. 건물 안에는 체험으로 가득한 물문화관이 운영되고 광장은 다양한 문화축제가 열린다. 밤이면 반짝반짝 빛나는 라이딩 명소로 변신한다. 디아크 옆으로 유유히 흐르는 낙동강은 변함없이 아름답다.

세계적 건축가 하니 라시드의 작품, 디아크(The ARC)

디아크The ARC는 강과 사람을 주제로 지어진 전시공간이다. ARC는 강문화의 모든 것을 의미하는 Architecture of River Culture의 머리글자에서 따왔다. 디아크는 건물자체가 하나의 예술작품이다. 물고기가 물 위로 힘차게 뛰어오르는 모습과 강 표면을 가로지르는 물수제비를 표현했다. 한국 강의 모습과 한국 도자기 모양의 전통적 우아함을 함께 담아냈으며 정적인 건축물에 동적인 요소를 더했다. 뿐만 아니라 현대 건축물에 전통미를 살렸다.

디아크는 세계적인 건축가 하니 라시드Hani Rashid의 작품이다. 그는 지난 2004년 Federick Kiesler상을 수상하고 2007년에는 미국건축가협회에서 First Prize를 받은 이름 높은 건축가다. 디아크 역시 2014년 부산국토관리청에서 선정한 한국건축문화대상에서 우수상을 받았다.

대구를 대표하는 건축물이자 대구12경과 달성12경의 하나로 꼽히며 대구여행에서 빼놓을 수 없는 명소 중 하나로 자리 잡았다.

세계적 건축가 하니 라시드의 작품

대구의 랜드마크로 우뚝

광장으로 들어서면 디아크가 한눈에 보인다. 파란 하늘을 배경으로 거대한 고래 한 마리가 물 위로 뛰어오르는 것 같다. 대형 도자기 작품이 전시되어 있는 것 같기도 하다. 누구는 UFO라고 하고 또 누군가는 귀여운 아기가 잠든 요람처럼 보인다고 한다. 가까이 다가갈수록 웅장하고 멋지다.

디아크는 지하 1층, 지상 3층으로 상설전시관과 아트갤러리, 서클영상존, 카페가 있는 복합문화공간이다. 관람은 지하 1층부터 시작된다. 로비로 들어서면 파란색 'The ARC' 조형물이 반긴다. 전시관에는 파란색 '그리팅맨'이 눈길을 사로잡는다.

곡선의 벽에 일정한 간격으로 늘어선 500명의 그리팅맨이 똑같이 인사를 한다. 15도 각도로 정중하게 인사를 하는 모습이 인상적이다. 그리팅맨은 유영호 조각가의 작품이다. 상대를 존중하는 가장 인간적이고 기본적인 행동을 통해 평화와 화해의 메시지를 담고 있다. 우루과이를 비롯해 콜롬비아, 파나마, 에콰도르, 상파울루 등 15개국에 설치되어 있다. 우리나라에는 경기도 연천군 옥녀봉 정상에 있는 그리팅맨이 유명하다. 키가 10m 장신의 그리팅맨이 휴전선 너머 북녘을 향해 인사하는 모습이다. 그 외에도 제주도, 강원도 양구, 서울 롯데시티 등에 세워졌다.

1 1층 상설전시실
2 500점의 그리팅맨

3층 전망대에서 본 낙동강

　강과 관련된 역사와 예술로 꾸며진 전시는 기존의 따분한 전시와는 사뭇 다르다. 시청각 자료와 체험시설로 꾸며져 재미와 호기심을 자극한다. 헤드폰을 끼고 강물과 관련된 영상을 관람하고 터치스크린을 통해 강물이 흐르는 원리를 깨닫는다.
　1층과 2층은 서클영상존이다. 360도 스크린을 통해 생명의 순환을 주제로 한 영상작품을 감상할 수 있다. 3층으로 올라가면 카페와 전망대가 있다. 전망대에 서면 낙동강과 금호강이 만나는 모습과 달성습지를 한눈에 담을 수 있다. 눈이 시리도록 청명한 하늘 아래 유유히 흐르는 강물은 보는 것만으로도 힐링이다.

반짝반짝 빛나는 야간 라이딩 명소

디아크 주변을 둘러싼 공원은 여가를 즐기려는 사람들이 많이 찾는 장소다. 그림 같은 푸른 잔디밭 너머 드넓은 강풍경이 어우러진다. 산책 코스로도 더할 나위 없다. 디아크를 한 바퀴 둘러보거나 강변을 따라 걷는 동안 낙동강과 금호강이 합류하는 풍경에 빠져든다. 걷기 좋은 숲도 있다. 왕벚나무와 자귀나무 등 빼곡한 나무들 사이로 산책로가 나 있다.

디아크 앞 광장은 때론 문화축제장으로 변한다. '디아크 강빛축제', '달성 대구현대미술제' 등 다양한 축제와 전시가 열린다. 수상레저도 체험할 수 있다. 디아크 뒤편에 있는 수상레저체험장으로 가면 오리배, 수상자전거, 페달보트 등 다양한 수상레저스포츠가 기다린다.

디아크의 백미는 해 질 무렵부터다. 시시각각 변하는 디아크의 조명이 켜지면 낮보다 아름다운 밤이 시작된다. 시원하게 불어오는 강바람과 화려한 조명이 어우러져 많은 시민과 관광객들에게 사랑받는 야경 명소다.

차량 통행이 없는 디아크 주변은 자전거나 전동카트를 타기 좋다. 디아크 입구에는

1 수상레저체험장 | 2 야간명소 디아크

라이딩을 즐기는 사람들

LED전동카트 대여점이 몰려 있다. 10분 정도 간단한 교육만 받으면 누구나 쉽게 탈 수 있다. 최고로 달리는 속도가 15km라 안전을 보장한다. 전동카트 외에도 전동바이크, 전동퀵보드, 왕발통 등 타는 종류도 다양하다. 반짝이는 LED 조명이 달리는 재미를 더한다.

전국 16개 보 중에서 가장 긴 강정고령보

디아크 옆으로 강정고령보가 보인다. 4대강 살리기 사업으로 만들어진 달성과 고령을 잇는 보다. 길이가 953.5m로 전국 16개 보 중에서 가장 길다. 강정江亭이라는 이름은 '강 위의 정자'라는 뜻이다. 신라시대부터 전해 오던 이름으로 아름다운 정자가 있었다고 한다. 보 위에 설치한 우륵교는 걷거나 자전거를 이용해 강 풍경을 감상하도록 했다.

전망대에 서면 신라시대의 정자가 다시 부활한 듯하다. 발 아래로 넉넉한 낙동강이 흐르고 눈을 들면 디아크와 주변 풍경이 파노라마처럼 펼쳐진다. 전망대는 가야금 12현을 형상화한 탄주대 모형으로 꾸몄다. 톱니바퀴 모양으로 대구의 첨단도시를 상징하는 낙락섬, 물이 고정보를 넘으면 풍금소리가 나도록 한 물풍금 등 시선을 끄는 볼거리가 많다.

물고기들이 강을 거슬러 올라갈 수 있도록 친환경 어도를 만들었고 상하류의 수위 낙차를 이용해 청정 수력에너지를 생산하는 발전소도 건설하는 등 환경을 고려한 세심함이 돋보인다.

강정고령보

강바람 불면 쏴아아~ 눈과 귀가 즐거운 죽곡댓잎소리길

디아크에서 금호강변으로 자전거도로가 이어진다. 그 길을 따라 강창교를 향해 걷다 보면 죽곡댓잎소리길이 나타난다. 숲 입구에 '죽곡댓잎소리길' 입간판이 서 있다. 글자만으로 만들어서 공중에 붓으로 쓴 듯 보인다. 최대한 풍경을 해치지 않으려는 제작자의 마음이 느껴진다.

입간판을 지나면 대나무 숲 사이로 산책로가 나 있다. 약 1km 남짓으로 그리 길지는 않지만 8천여 본의 대나무가 빼곡하게 자란다. 숲은 제법 울창하다. 한낮에도 햇볕이 들기 힘들 만큼 우거진 대나무 사이로 외길의 오솔길이 이어진다.

눈과 귀가 즐거운 죽곡댓잎소리길

댓잎소리길을 걷는 일은 무엇보다 귀와 눈이 즐겁다. 강바람이 불어오면 댓잎들이 '쏴아아' 소리를 내고 파도치듯 흔들리는 댓잎 사이로 햇살이 반짝거린다. 산책로 옆으로 나란히 흐르는 금호강 물결이 대나무 사이로 등장하기도 한다.

산책로 중간중간에 죽림욕 쉼터를 마련해 놓았다. 대나무 울타리, 대나무 선베드, 대나무 벤치 등 모두 대나무로 만들었다. 선베드에 몸을 눕히면 하늘로 뻗은 대나무가 시원스레 보인다. 그대로 눈을 감으면 댓잎소리가 마음을 편안하게 해준다.

가장 인기 장소는 판다 조형물로 꾸며놓은 중앙 광장이다. 엄마 품에 안긴 아기판다, 기어가는 판다, 비스듬히 누워 댓잎을 먹는 판다 등 다양한 판다조형물이 보는 이들을 미소 짓게 한다. 판다 옆에 앉아서 사진 찍을 수 있는 벤치는 사진 찍기 좋은 포토존이다.

판다 조형물이 있는 중앙광장

강문화관 디아크와 죽곡댓잎소리길

여행팁

디아크

주소	대구광역시 달성군 다사읍 강정본길 57
문의	053-585-0916
홈페이지	https://cafe.naver.com/ilovethearc

죽곡댓잎소리길

주소	대구광역시 달성군 다사읍 죽곡리 566-7

디아크
관람시간 : 10:00~18:00, 매주 월요일 휴관
관람료 : 무료

3층 전망대, 카페
이용시간 : 10:00~22:00, 하절기 1시간 연장, 연중무휴

디아크 환경 아카데미는 낙동강 환경교실, 낙동강 생물탐구, 낙동강 ECO톡톡! 등의 환경교육프로그램을 운영한다. 유아에서 중등까지 어린이와 학생이 있는 가족 중에 선착순으로 모집한다. 디아크 공식 카페를 통해 신청하면 된다.

주변 볼거리

달성 대구현대미술제

1970년대 '대구현대미술제'는 젊은 작가들이 기성미술계의 경직성에 도전하여 다양한 미술실험을 펼쳤던 전시회였다. '달성 대구현대미술제'는 그 실험정신을 계승하고 창의성을 되새기기 위해 마련됐다. '달성 대구현대미술제'가 열리는 디

아크 광장은 지붕 없는 미술관으로 변신한다. 세계적인 건축가 하니 라시드가 건축한 디아크, 동양 최대 수문이라 불리는 강정보 등 지역적·사회적 요소들이 모여 미술제를 더욱 빛낸다. 금호강과 낙동강이 만나는 강정의 자연 속에서 현대미술의 진수를 만나 볼 절호의 기회다.

⦿ 대구광역시 달성군 다사읍 강정본길 57 / http://www.dalseongart.com

디아크 강빛축제

해마다 가을이면 디아크가 빛으로 물든다. 디아크 광장에 해가 지고 어둠이 깔리면 건물 이 거대한 스크린으로 변하고 축제 메인 콘텐츠인 미디어파사드가 화려한 빛과 음악으로 눈길을 사로잡는다. 산과 바다의 다채로운 이미지가 건축예술품인

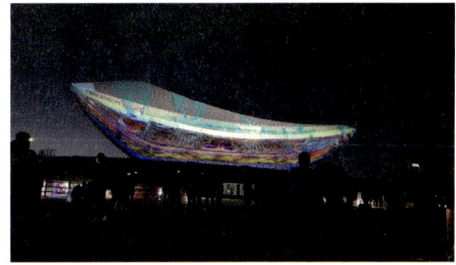

(사진 디아크)

디아크와 어울리며 한편의 영화처럼 펼쳐진다. 미디어란 단어에 건물 외벽을 뜻하는 파사드가 합성된 미디어파사드는 건축물의 조형미와 입체적 영상, 음악이 하나로 어우러진 공연을 말한다. 밤하늘을 배경으로 디아크를 수놓은 미디어파사드는 잊지 못할 시간으로 남는다.

⦿ 대구광역시 달성군 다사읍 강정본길 57

달성을
다
담다

다사 권역
논메기매운탕마을

논메기매운탕마을
시원하고 칼칼한 밥도둑,
논메기매운탕 먹거리촌

대구 10미味 중 하나인 논메기매운탕은 달성군 다사읍 부곡1리, 일명 새터마을에서 탄생한 음식이다. 1990년대 초반 논에서 메기 양식을 시작하며 논둑에 자리 잡은 작은 식당으로 시작되었다. 그 뒤 하나둘 생겨난 논메기매운탕 식당이 골목을 만들면서 달성군 지정 먹거리 골목으로 자리 잡았다. 논메기매운탕은 시원하고 얼큰한 맛에 매료된 미식가들이 끊임없이 찾아오는 음식이다. 한번 맛을 보면 논메기매운탕 마니아가 될 정도로 고기 맛이 쫀득하고 깊은 풍미가 느껴진다. 전국적으로 소문난 논메기매운탕의 화끈한 매력 속으로 빠져 보자.

촌스러운 매운탕으로 입맛을 사로잡다

목가적인 농촌 마을이었던 달성군 다사읍 부곡1리 문양역 일대가 논메기매운탕 먹거리촌이 된 것은 1990년대 초반이다. 이 마을 토박이 주민인 손중헌 씨가 원조다. 평범한 농사꾼이던 그가 논메기 양식을 시작했고 부인이 낚시꾼들에게 끓여준 메기매운탕이 소문이 나면서 논메기매운탕의 역사가 시작되었다. '그냥 촌스럽게 논메기매운탕을 끓였는데도 낚시꾼들이 맛있다고 했다'는 논메기매운탕은 손님들의 입을 통해 다사읍에 논메기매운탕 맛집이 생겼다는 소문으로 퍼져 나갔다. 평범한 농촌이었던 다사읍이 전국의 대표적인 논메기매운탕의 명소로 변신한 순간이다.

부곡리 다사읍 논메기매운탕마을에는 원조 논쟁이 없다. 부곡리 논메기매운탕 번영회 회원들이 동네 선후배라 원조식당을 중심으로 마을 전체가 논메기매운탕의 명소로 무난하게 발전할 수 있었다. 논메기매운탕은 다시마와 무로 우려낸 육수에 싱싱하고 큼지막한 메기와 마늘, 고춧가루, 호박, 부추 등과 당면을 넉넉히 넣어 칼칼하게 끓여낸다. 특별한 향신료를 쓰지 않아도 비린내가 없으며 맵지 않고 적당히 얼큰한 맛을 내서 온 가족이 먹기에 좋다. 특히 수제비 대신 쫄깃한 당면이 들어가서 국물이 맑고 시원한 것이 매력적이다.

다사읍 부곡리에 자리한 논메기매운탕 먹거리촌

금방 잡은 싱싱한 논메기로 매운탕을 끓인다

대구 도시철도 2호선 종점인 문양역 인근 부곡리 마을에 들어서면 여기저기 논메기매운탕 집 간판이 눈에 들어온다. 논메기매운탕 먹거리촌은 접근성도 좋다. 대구도시철도 반월당역에서 30분이면 2호선 종점인 문양역에 도착한다. 국도 30호선도 대구에서 성주, 칠곡 방면으로 시원하게 잘 뚫려 있다. 달성군이 문양역 인근 마천산 트레킹 코스를 개발하여 등산객들의 핫플레이스가 된 마천산은 남녀노소 누구나 등산하기 좋은 곳이 되었다. 마천산 등산 후에 먹는 논메기매운탕은 맛집 코스로 손색이 없다.

    달성군은 금호강과 신천, 낙동강에 둘러싸여 있어 매운탕의 고장으로 사랑받았다. 그러다 보니 다양한 천렵 문화가 형성되고 매운탕 마니아도 많이 생길 수밖에 없다. 논메기매

싱싱한 메기로 칼칼하게 끓여 낸다.

운탕은 전라도와 의성 등지에서 유명했지만 대중적인 붐을 일으킨 곳은 달성군이다. 전주에서는 논메기매운탕을 오모가리탕이라고 하는데 주로 뚝배기에서 끓여 낸다. 대구는 스테인리스 냄비에 매운탕을 끓이고 국물도 칼칼한 편이다. 경상도식은 당면이 많이 들어가서 국물이 깔끔하다.

논메기매운탕의 레시피는 간단해 보이지만 신선한 채소와 싱싱한 재료에 비법이 있다. 논메기매운탕은 2000년 지역 특화음식으로 선정되었으며 대구 10미味에 선정되기도 했다. 30여 개의 매운탕 가게가 포진한 논메기매운탕 마을은 가게마다 조리법이 조금씩 다르기 때문에 모두 각자의 단골을 가진 것도 재미있는 특징이다.

누구나 즐기기에 가성비 좋은 보양식

논메기매운탕은 맛과 건강을 동시에 채우는 보양식으로도 최고다. 논메기매운탕은 살아있는 메기를 주재료로 끓여 내기 때문이다. 대구식 논메기매운탕은 맛의 풍미가 깊고 다른 지역보다 국물 맛이 너무 맵지 않고 시원한 게 특징이다. 논메기매운탕은 된장과 고춧가루, 마늘을 이용해 간을 맞춘다. 구수하고 짭조름한 집 된장은 메기의 잡내를 없애준다.

다시마와 무를 넉넉히 넣어 시원한 육수를 낸 뒤에 된장을 풀고 고춧가루와 마늘을 넣은 양념과 통통한 논메기를 올린다. 감자와 깻잎, 부추, 배추, 대파 등 갖은 채소를 넣고 한소끔 끓이는 것이 논메기매운탕의 기본 레시피다. 빨갛고 먹음직스러운 국물이 보글보글 끓는 모습을 보면 잃었던 입맛도 돌아온다. 논메기매운탕의 하이라이트는 보글보글 끓고 있는 국물에 부추와 당면을 듬뿍 넣는 것이다. 논메기매운탕과 궁합이 맞는 재료는 부추다. 부추의 찬 성질과 메기의 뜨거운 성질이 만나 궁합을 이룬다. 메기살을 부추로 돌돌 말아 먹으면 아삭하고 쫀득한 식감이 별미다. 메기매운탕은 먹기 전에 뼈를 손질하는 것이 좋다고 한다. 취향에 따라 알싸하게 톡 쏘는 향이 특징인 제피가루를 넣어도 좋다. 특유의 생선 비린내를 사라지게 해주는 일등 공신이다. 논메기매운탕 외에도 논메기불고기 메뉴도 있어 온 가족이 즐기기에 부족함이 없다. 남녀노소 누구나 부담 없이 즐기기에 가성비 좋은 논메기매운탕을 먹을 수 있는 논메기매운탕 먹거리촌은 착한골목 전국 5호점에 선정되었다.

논메기매운탕의 메기 살이 도톰하다.

여행팁

주소 대구광역시 달성군 다사읍 부곡2길 7-1

논메기매운탕 마을에는 20곳이 넘는 논메기매운탕 식당이 있다. 안내판에는 원조 손중헌 매운탕부터 고향, 대성, 다사, 장수, 도암, 남강, 낙동, 성민, 산정, 달구벌, 본향, 부림, 청궁매운탕 등의 상호가 적혀 있는데 식당들은 각기 다른 양념과 손맛으로 개성을 살려 요리한다. 논메기매운탕의 비주얼은 조금씩 달라도 먹는 방법은 대개 비슷하다. 뜨거운 불에서 한 번 끓여져 나온 매운탕은 부추를 가득 올려 테이블에서 다시 끓이는데 당면이 익기 시작하면 부추와 당면을 먼저 건져 겨자소스에 찍어 먹기 시작한다. 그다음 통통하게 익은 메기살을 건져서 겨자소스에 찍어 먹는데 가시가 많은 생선이라 잘 발라내고 먹어야 한다. 2호선 문양역에서 가고 싶은 논메기매운탕 가게로 직접 전화하면 픽업도 가능하다.

주변 볼거리

달성문화센터

2011년에 개관한 복합문화센터다. 2천 평이 넘는 부지에 지하 1층, 지상 5층의 규모를 자랑한다. 강의실과 세미나실 등 주민 편의시설을 비롯해 수영장, 피트니스센터가 들어서 있다. 300석이 넘는 공연장과 대형 전시실까지 갖추어 명실상부한 달성군 최고의 문화 플랫폼이다. 공연, 전시, 문화강좌, 생활체육을 포함한 다양한 프로그램 운영으로 달성군민들에게 생활의 기쁨과 활력이 되어준다.

(사진 달성군)

◎ 대구광역시 달성군 다사읍 대실역북로2길 188

상리봉전망대

와룡산(해발 299.6m)은 산세가 마치 용이 누운 모습과 같아 붙여진 이름이다. 도심에서 멀지 않고 산세가 완만하여 많은 이들이 오르는 친근한 산이다. 계성고 우측 등산로로 걷다 보면 자연생태체험숲을 지나 상리봉 정상에 다다르게 된다. 상리봉 정상에는 대구 전경과 금호강을 한 번에 바라볼 수 있는 전망대가 조성되어 있다. 매해 1월 1일마다 해맞이 행사를 개최하는 곳으로 대구 사람들의 사랑을 받는 곳이다. 계성고에서 출발해 상리봉전망대까지 왕복 코스는 총 2.4km로 30여 분이 걸린다. 등산보다는 산책하기 좋은 산길이라 여유롭게 올라가서 야경을 즐겨도 좋다.

◎ 대구광역시 달성군 다사읍 방천리 산87

달성을
다
담다

다사 권역
달천예술창작공간

달천예술창작공간
폐교의 놀라운 변신,
예술공간으로 부활하다

폐교의 변신은 무죄다. 2021년에 문을 연 달천예술창작공간은 폐교 변신의 좋은 사례로 주목받고 있다. 20년 이상 방치된 폐교가 복합문화공간으로 화려한 부활을 했다. 청년예술가들을 대상으로 레지던시 프로그램을 운영하는 곳이다. 역량 높은 청년작가들을 선별하여 창작활동을 맘껏 할 수 있도록 스튜디오와 전시실을 지원한다. 또한 개인전을 비롯해 프리뷰전, 교류전, 수준 높은 미술제에 참여할 수 있는 기회를 제공한다. 더 나아가 지역민들에게 다양한 예술을 접할 수 있는 문화거점으로 발돋움하고 있다.

달성문화재단이 운영하는 복합문화공간

지난 2021년 달천예술창작공간이 문을 열었다. 레지던시 프로그램을 운영하는 복합문화공간이다. 레지던시 프로그램은 일명 입주작가 프로그램이라고도 한다. 예술가들에게 일정 기간 특정 공간을 작업실과 전시공간으로 대여해서 맘 놓고 창작 활동에 전념할 수 있게 돕는 프로그램이다.

달성문화재단이 운영을 시작한 달천예술창작공간은 대구지역 기초문화재단 가운데 최초로 시작한 복합문화공간이다. 이곳은 폐교된 다사읍의 서재초등학교 달천분교를 리모델링한 건물이다. 1층에는 전시실, 주민활용공간, 사무실, 세미나실, 다용도실을 포함한 공용공간이 마련되었고, 2층에는 입주작가를 위한 1인 스튜디오 4개와 2인 스튜디오 1개 그리고 편의시설을 갖췄다. 조각 등 대형작업을 할 수 있는 야외 공간까지 꾸며 놓았다.

입주작가는 전국 각지에서 지원한 지원자들의 포트폴리오와 면접심사 과정을 거쳐 선발된다. 만 23세 이상 예술가로 미술대학 및 관련 학과 졸업자 또는 이에 준하는 예술 관련 활동 작가를 대상으로 하며 만 39세 이하 청년작가 또는 달성군에 거주하는 지역작가를 우대한다. 선발된 입주작가들에게는 창작 역량을 최대한 높일 수 있도록 다양한 지원을 제공한다.

1 폐교에서 복합문화공간으로 | 2 달천예술창작공간 전경

지역 문화예술 곳곳에 입주작가들의 활약 눈부셔

달성문화재단은 입주 작가들을 위한 단순한 공간 대여에만 그치지 않고 창작활동을 위한 특별한 지원프로그램도 진행한다. 개인전을 비롯해 프리뷰전, 교류전, 결과보고전, 달성 대구현대미술제에 참여할 수 있는 기회를 제공해 준다.

우선 달성문화재단에서 개최하는 전시회에 작품을 전시할 기회를 갖게 된다. 달성문화재단에서는 해마다 달성 대구현대미술제, 달천예술창작공간과 수창청춘맨숀과의 교류전 등 대구에서도 손가락 안에 드는 굵직한 전시회를 개최한다.

이 가운데 달성 대구현대미술제는 대구 지역을 대표하는 예술축제다. 2012년 시작되어 제 10회째를 맞이했던 지난 2021년에는 달천예술창작공간 제1기 입주작가들의 특별전시로 뜨거운 주목을 받았다.

입주작가의 스튜디오

달천예술창작공간-수창청춘맨숀 교류전 〈SPRING LINE : 실크로드〉

    수창청춘맨숀과 함께 개최한 교류전 역시 입주작가들의 활약이 눈부셨다. 수창청춘맨숀은 대구광역시 중구 수창동 옛 KT&G 연초제조창 직원들 사택으로 사용하던 아파트를 리노베이션한 청년복합문화공간이다. 20년 넘도록 버려졌던 공간을 2017년 수창청춘맨숀으로 개관해 청년예술가들을 지원하고 있다.

    2021년에 진행된 문화 교류전 'STUDIO EXCHANGE : 달천과 수창 사이'는 달천예술창작공간 6명의 작가와 수창청춘맨숀 5명의 작가가 모두 35점의 작품을 선보였다. 두 레지던시 간에 첫 교류전이 성공적으로 마치면서 앞으로 해마다 교류전을 열 계획이다.

청년작가와 지역민, 예술로 소통하다

그 외에도 다양한 지원 프로그램들이 이어진다. 입주작가와 평론가를 매칭하는 평론가 매칭프로그램을 진행한다. 입주기간 평론가의 지속적인 멘토링 과정은 입주작가들의 창작역량을 강화해 준다. 이외에도 주민과 방문객을 대상으로 한 오픈스튜디오와 주민참여프로그램도 운영한다.

특히 입주작가들을 위한 프리뷰전은 각자의 개성과 예술을 맘껏 표현해 볼 수 있는 기회는 물론 지역민들에게 문화예술 향유의 기회까지 제공한다. 예술인에게는 발전하는 예술공간이 되고 지역민들에게는 문화공간으로 발돋움하고 있다. 버려졌던 폐교에서 화려한 예술공간으로 변신한 달천예술창작공간의 미래가 더욱 기대되는 이유다.

1 평론가 매칭프로그램(김재홍 작가-조숙현 평론가)
2·3 일회용 컵으로 등 만들기(주민참여프로그램)

여행팁

주소　　대구광역시 달성군 다사읍 다사로 515
문의　　053-583-4276
인스타그램　https://www.instagram.com/dalcheon_art/

달천예술창작공간에서는 입주작가들의 전시회가 다양하게 열린다. 수창청춘맨숀과의 교류전을 비롯해 입주작가 결과보고전 등이 진행된다. 입주작가들의 작품 세계를 감상할 수 있는 절호의 기회이며 새로운 시도와 다양한 예술을 접할 수 있는 시간이다. 전시회 정보는 달천예술창작공간 인스타그램을 통해 확인할 수 있다.

주변 볼거리

마천산 산림욕장

마천산 산림욕장은 마천산, 성산 일대 숲길을 걸으며 산림욕을 즐길 수 있는 곳이다. 숲 체험교육장, 숲 해설판, 쉼터, 체력단련시설 등의 편의시설이 잘 갖추어져 있어 숲을 즐기기에 최적의 장소다. 숲 체험교육장 가는 길에 만나는 마천산 산림욕장 야생화 생태원은 감국, 금낭화, 구절초 등 20여 종의 야생화를 직접 보고 야생화의 특징이 잘 정리된 안내판에서 상세한 정보도 얻을 수 있다. 그 외에도 숲체험단련장, 숲속산림욕장, 봉수대 터 등 다양한 공간이 준비되어 있어 약 2시간 30분 정도 걸리는 5km의 구간이 지루하지 않고 재미있다.

◉ 대구광역시 달성군 다사읍 이천리 산25-2

이강서원

인조 17년인 1639년에 세워진 이강서원은 낙재 서사원의 위패를 봉안한 서원이다. 서사원의 자는 행보, 호가 낙재로 달성이 낳은 위인이다. 한강 정구에게 가르침을 받았고 여헌 장현광, 우복 정경세 등과 교분과 학문을 나누었다. 임진년 7월 대구지방 최초로 의병장이 되어 팔공산 전투에서 혁혁한 공을 세웠다. 이강서원은 마천산이 병풍처럼 감싸고 있는 천혜의 자연환경을 자랑한다.

◉ 대구광역시 달성군 다사읍 이천리 277

달성을
다
담다

가창 권역
남지장사

남지장사
푸른 송림에 둘러싸인 천년고찰

최정산 기슭 푸른 소나무숲 깊숙한 곳에 천년고찰이 자리한다. 684년에 왕명으로 창건되었고 고려 때 일연스님이 중창한 남지장사다. 대웅전을 비롯한 8개의 암자에 3,000여 명의 승려가 수도하던 대찰이었다. 무학대사가 도를 연마하던 수도사찰이었고 사명대사가 승병을 훈련시키던 호국사찰이었다. 종각과 절문을 절묘하게 합쳐 놓은 광명루, 스님들의 생활공간 요사와 법당을 하나로 세운 청련암 등 소소한 볼거리가 가득하다. 그중에도 청련암으로 가는 소나무 숲길은 빼놓을 수 없는 매력이다.

1,300년 세월에도 곱디고운 절

가창면 우록골은 최정산 자락이 병풍처럼 둘러서 있다. 우록골로 안으로 향하면 최정산 기슭 깊숙이 들어앉은 사찰 하나를 만난다. 1,300여 년 전에 창건된 천년고찰 남지장사다.

684년에 통일신라 신문왕의 명을 받은 양개조사가 세웠다. 창건 당시에는 대웅전, 극락전, 명부전, 만세루 그리고 사천왕문을 포함해 8개의 암자를 거느렸고 무려 3,000여 명의 승려가 수도하던 대찰이었다. 고려시대 1260년에 보각국사 일연이 중창하였고 조선시대 초에는 무학대사가 수도했던 곳이다.

남지장사가 품은 내력 중에 빼놓을 수 없는 인물은 사명대사다. 임진왜란 때 사명대사가 이곳에 머물며 승병들을 훈련했던 호국사찰이다. 대사가 거느린 승병들은 치열한 혈투를

통일신라시대에 창건된 남지장사

벌이며 나라를 위해 싸웠다. 그때 일본군에 의해 불에 타 소실된 것을 1653년 승려 인혜가 11개의 전각을 세워 대규모 사찰로 다시 건립하였다.

남지장사의 가장 큰 중창주로 평가받는 모계 대화상이다. 70세를 넘긴 나이에도 남지장사의 수리와 재건을 위해 노력한 그는 1790년 3년에 걸친 대공사를 마쳤다. 인악 의침이 이를 기념하기 위해 『남지장사전우소화중수기』를 지었다. 이 시기에 팔공산 북지장사와 대칭되는 곳에 위치했다 하여 이름을 남지장사라고 하였다.

천년고찰의 기품이 흐른다.

광명루부터 청련암까지 이색 건물 가득

남지장사로 가는 길에는 임진왜란 때 부하를 이끌고 귀화한 김충선 장군의 녹동서원이 있고 평화로운 시골마을 우록리 백록마을을 지난다. 예쁜 벽화가 그려진 마을을 지나면 한층 울창하고 한적한 외길이 이어진다. 그 길 끝에 천년고찰 남지장사가 기다린다.

주차장에 차를 세우면 절은 보이지 않고 거대한 석축이 성벽처럼 서 있다. 한가운데 높다란 돌계단을 오르면 광명루가 지붕부터 조금씩 모습을 드러낸다. 종각과 절문을 겸한 독특한 건물이다. 입구 처마 아래에는 '최정산남지장사시문'이라는 긴 편액이 걸려 있고 뒤편에는 큼직한 글씨의 광명루 편액이 걸려 있다. 광명루 좌우로 종각과 요사가 있고 기둥에는 한글로 된 주련이 걸렸다. 대부분 사찰에는 한문으로 된 주련이 걸렸지만 이곳에는 한글로 돼 있어 눈에 띈다. 빛바랜 단청이 세월의 무게와 함께 당시의 장엄함과 화려함을 전해준다.

| 1 | 2 |

1 광명루 | 2 광명루의 종각

    광명루를 지나면 정면으로 대웅전이 보인다. 수많은 세월 동안 성쇠를 거듭해 온 사찰이라 믿기지 않을 만큼 반듯하고 온화하다. 대웅전 내부에는 대구광역시 유형문화재 제89호인 석조석가여래삼존좌상과 제88호인 석조지장보살좌상이 있다. 특히 석조지장보살좌상은 효종 10년 조각승 승호가 만들었다고 한다. 승호는 17세기 불석제 불상을 많이 조성한 유명한 조각승이다. 앞으로 쑥 내민 얼굴에 길게 뻗은 눈꼬리와 초록색 머리와 눈썹이 인상적이다.

대웅전 안의 석조석가여래삼존좌상과 석조지장보살좌상

청련암 가는 소나무숲길은 빼놓을 수 없는 매력

남지장사에는 두 개의 암자가 있다. 남지장사 직전에 있는 왼쪽 길을 오르면 백련암이, 남지장사를 지나 오른쪽 길을 따르면 청련암이다. 두 곳으로 가는 길은 멋진 소나무숲길이다. 평평한 숲길을 5분 남짓 걸으면 청련암이 나온다.

    남지장사가 창건될 때 지어져 흥망성쇠를 함께해 온 암자다. 여러 차례 소실과 중건을 반복하였는데 지금 건물은 1808년에 재건된 것이다. 'ㄹ'자 모양의 배치가 독특하고 대청과 방이 많은 것으로 보아 스님들의 생활공간인 요사와 법당의 기능을 겸한 것으로 보인다. 사명대사가 수도한 곳이라고 전해지는데 문이 굳게 닫혀 있어서 안으로 들어가 볼 수는 없다.

    숲길로 약 200m 정도 가면 백련암이다. 암자 입구에 검은 비석의 백련암 사적비가 먼저 반기고 관음전을 비롯해 산신각과 요사2채가 모여 있다. 백련암 중심 건물인 관음전은 관세음보살을 모신 법당이다. 큰 보리수 한 그루와 은행나무 한 그루가 관음전 앞을 지키고 섰다.

청련암

여행팁

주소 대구광역시 달성군 가창면 남지장사길 95
문의 053-768-9920

수십 번 왕복해도 좋을 만큼 걷기 좋은 숲길은 청련암에서 마을까지 이어진다. 새 도로가 나기 전까지 절과 마을을 이어 주던 옛길이다. 빼곡한 소나무숲길과 울창한 낙엽송군락지를 기분 좋게 걷다 보면 목니미 정자나무도 만날 수 있다. 수령 300년이 넘는 서어나무로 예부터 남지장사의 대문 역할을 해오던 나무라고 한다. 목니미 나무를 보면 절에 다 왔다고 여겼다고 한다. 목니미 정자나무를 지나면 당산목과 등밑마을이 나오고 길은 녹동서원에서 끝난다. 남지장사에서 녹동서원까지 약 3km, 한 시간 정도 소요된다.

주변 볼거리

최정산

남지장사가 깃든 최정산은 높이 905m로 비슬산에서 뻗어 나온 산이다. 형세가 비슬산과 많이 닮아서 형제산으로 불린다. 울창한 녹음과 아름다운 단풍으로 이름나 있다. 청련암에서 왼쪽으로 산길을 따라 오르면 억새군락지에 닿는다. 해발 700m에 드넓은 평원이 온통 억새로 가득하다. 하늘과 맞닿은 평원이 은빛으로 물드는 가을이면 장관을 이룬다. 산행이 힘들다면 대세목장까지 차를 이용하는 쉬운 방법도 있다. 대세목장 입구에서 억새군락지와 정상인 청산까지 왕복하는 약 2시간 코스의 최정산 누리길이다.

(사진 달성군)

대구광역시 달성군 가창면 헐티로 1280

달성 조길방 고택

약 200년 전에 지어진 초가집이다. 조선시대 초가집의 참모습을 고스란히 엿볼 수 있는 귀한 고택이다. 안채, 사랑채, 아래채가 온전히 남아 있다. 안채 앞의 마당 좌우로 사랑채와 아래채가 마주보도록 배치되어 있다. 가장 오래된 안채는 정조 8년인 1784년에 건립되었고 사랑채는 1925년경에 지어졌다. 아래채는 1955년경에 다시 지었다. 채광과 통풍을 위해 여러 개의 문과 창을 낸 안채는 전형적인 서민 주거 양식을 보여 준다. 반면에 대청 전면 둥근 기둥은 초가에서는 보기 드문 양식이다.

대구광역시 달성군 가창면 조길방길 92-1

달성을 다 담다

가창 권역

달성 한일우호관과 녹동서원

달성 한일우호관과 녹동서원
조선에 귀화하여 달성인이 된 항왜장수 김충선

임진왜란 때 3,000명의 부하를 이끌고 조선에 귀화한 김충선 장군. 22세의 일본 장수 사야가는 임진왜란 때 조선을 침략하러 왔으나 자신의 군사를 이끌고 투항했다. 그는 선조임금으로부터 성과 이름을 하사받고 정헌대부에 올랐다. 평소 흠모하던 나라 조선에 대한 명분 없는 전쟁을 단호히 거부한 그는 평화의 아이콘이며 화합의 모델이다. 흠모하는 조선의 백성이 되고자 하였고 후손이 조선에서 예를 다하는 사람으로 살길 원했던 그의 발자취를 따라 달성 우록리로 가 보자. 그가 조선에서 뿌리내린 우록리에는 그를 기리는 녹동서원과 달성 한일우호관이 자리한다.

한일교류의 장, 달성 한일우호관

평화로운 시골풍경을 간직한 우록리로 들어서면 달성 한일우호관이 있다. 입구에 커다란 복주머니 속에서 손을 흔들고 있는 고양이 조각상이 눈길을 끈다. 우리나라 전통 복주머니 속에 들어가 있는 고양이는 '마네키네코'라는 일본 전통 고양이다. 한쪽 앞발을 들고 부르는 듯한 포즈를 취하고 있는데 일본에서는 사람이나 재물을 불러들인다고 해서 '행운의 인형'으로 통한다.

달성 한일우호관은 2012년에 김충선을 기리는 녹동서원 옆에 개관했다. 김충선의 박애사상과 업적을 되새기고 한일 양국의 화합을 위한 공간이다. 2개의 전시관과 3D상영관, 다도실, 유물전시, 한일 양국 전통놀이 시현장이 마련되어 있다. 국내는 물론 일본까지 살아있는 역사를 알릴 수 있는 교육의 장이며, 한일문화교류의 장이다.

김충선을 기리는 달성 한일우호관

가장 먼저 한일교류사와 임진왜란에 대해 알 수 있는 제1전시실이 나온다. 한일교류사 연대표는 삼국시대부터 대한제국까지의 우리나라 연대표와 죠몬시대부터 메이지시대까지의 일본 연대표를 한눈에 볼 수 있다. 백제시대에 밀접한 일본과의 교류는 물론 조선통신사에 대한 설명까지 한일교류의 역사도 자세하게 전시해 놓았다.

제1전시관

김충선 장군에 대한 궁금증을 모두 풀 수 있는 제2전시실로 이어진다. 조선에 귀화하여 전쟁마다 나라를 위기에서 구한 이야기를 비롯해 선조로부터 김충선이라는 성과 이름을 하사받고 광해군 10년에 정헌대부에 봉해진 그의 일대기를 고스란히 만나게 된다.

"군자의 나라 짓밟을 수 없다"며 귀화한 일본 장수

항왜장수 김충선! 그는 누구일까? 사성 김해 김씨의 시조인 그는 본래 사야가라는 이름의 일본인이다. 1592년 임진왜란 당시 왜군의 선봉장으로 부산에 상륙했다. 22세의 나이였던 그의 눈에 들어온 조선은 예의지국이었다. 전쟁의 아수라 속에도 반듯한 행실과 충효의 정신을 잃지 않는 조선의 모습에 침략의 명분이 무엇인가 고민에 빠졌다.

"일본이 군사를 일으켜 전쟁을 하는 것은 명분이 없다. 가까운 이웃나라에 화만 끼칠 뿐이다"는 말과 함께 자신이 이끌던 3,000명의 군사와 함께 조선에 투항했다. 그가 경상도 병마절도사 박진에게 귀화의 뜻을 담아 보낸 감동의 서신은 전시실에서 볼 수 있다.

"내가 못난 것도 아니요, 나의 군대가 약한 것도 아니나 도덕을 숭상하는 군자의 나라를 짓밟을 수 없다."

조선에 귀화한 왜군 장수 김충선

전황이 나빠서 투항한 것이 아니라 조선을 동경하여 귀화한 그는 조총과 화약제조법을 조선에 전수하고 일본에 빼앗긴 성을 탈환하는 데 큰 공을 세웠다. 선조는 그에게 사성賜姓 김해 김씨金海 金氏와 충선忠善이라는 이름을 내리고 벼슬을 제수했다. 사성 김해 김씨의 시조가 된 그는 달성 우록리에 터를 잡고 인동 장씨와 백년가약을 맺었다. 이렇게 일본인에서 대대손손 조선에 뿌리내린 명가가 탄생한 것이다.

나라를 위한 그의 충심어린 활약은 정묘호란과 병자호란에도 계속되었다. 전장마다 혁혁한 성과를 올린 그는 72세의 나이에 생을 마감했다.

일본 유카타도 입어 보고, 특별유물전도 보고

전시실에는 김충선 장군의 저서인 모하당 목판과 임진왜란 당시 사용했던 것과 같은 총이 전시돼 있다. 진열장에는 일본 역사 소설가인 시바 료타로의 '한나라 기행'이 눈에 띈다. 일본에서 처음으로 조선에 귀화한 사야가의 존재를 알린 책이다. 나라를 배반한 역적에서 신념을 실천한 평화주의자로 재조명되었고 그의 고향으로 추정되는 와카야마현에서 '사야가 현창비'를 세우기도 했다. 한국과 일본을 잇는 우호의 고리가 되고 있으며 해마다 3만 명이 넘는 일본인이 달성 한일우호관을 찾는다고 한다.

전시실 앞에 마련된 영상실은 김충선 장군의 애니메이션이 상영된다. 전시실을 둘러보기

1 예절체험실 | 2 기획전시실

전에 10분 정도 진행되는 영상을 미리 보면 김충선 장군에 대해 이해하기 쉽다.

1층에는 전시실 외에도 예절체험실이 있다. 한국과 일본의 의식주예에 대해 간단한 퀴즈를 풀어 볼 수 있는 기기도 있고 다도체험, 의복체험, 예절체험을 해볼 수 있는 등 체험실이 있다. 일본 옷에 관심이 없던 아이도 유카타를 보는 순간 우와! 감탄사를 연발한다. 잘 볼 수도 입어 볼 기회도 없던 유카타를 직접 입어 볼 수 있는 소중한 시간이다.

2층은 기획전시실이다. 일본 특별유물전과 와카야마현 특별유물전 등 기획전시가 열린다. 근현대의 일본 유물과 전통의상, 생활자료를 통해 우리나라와 일본의 문화를 간접적으로 비교해 볼 수 있는 기회다.

김충선의 정신과 업적을 기리는 녹동서원

달성 한일우호관 옆에 녹동서원이 자리한다. 녹동서원은 김충선의 정신과 나라를 위기에서 구한 업적을 추모하기 위해 세웠다. 1871년 흥선대원군의 서원철폐령으로 훼철되었다

1 녹동서원 | 2 김충선 장군의 영정과 위패

가 1914년에 다시 복원되었다. 그 후 1972년에 국고의 지원을 받아 이전 증축을 거쳐 오늘에 이른다.

녹동서원 정문인 외삼문에는 향양문이라는 현판이 걸렸다. 해가 뜨는 남쪽 고향을 향해 있는 문이라는 뜻이다. 고향과 두고 온 가족을 그리워했을 그의 마음을 담은 이름이다. 향양문을 들어서면 숭의당이 보인다. 녹동서원의 중심 강당이다. 중앙에 시원한 대청이 있고 양쪽으로 온돌방이 있다.

그 뒤로 사당인 녹동사가 자리한다. 김충선 장군의 영정과 위패를 모신 곳으로 선생의 충과 의의 뜻을 기리는 공간이다. 매년 음력 3월 중정일에 배향하고 음력 10월 첫째 일요일에 묘제를 지낸다.

1998년에 준공한 충절관은 김충선 장군의 유품을 비롯해 임진왜란 당시 사용되었던 조총 등을 전시해 두었다. 또한 한일 양국에 관련된 전문도서와 목판 등을 볼 수 있고, 모하당의 사상을 배우는 교육의 장으로도 활용된다. 녹동서원을 찾는 한일 초, 중, 고 학생들을 대상으로 양국의 역사와 문화, 예절을 배우고 전통놀이마당에서 활쏘기, 투호 등 우리나라 전통놀이를 체험한다.

욕심 없는 마음으로 뿌리내린 우록리

녹동서원이 있는 우록리는 김충선 장군이 정착하면서 후손들이 지금까지 집성촌을 이루며 살고 있는 마을이다. 김충선이 남긴 글을 모은 『모하당문집』에는 우록리에 정착한 이야기가 있다. "내가 이 나라에 귀화한 것은 잘되기를 구함도 아니요 명예를 취함도 아니다. 처음부터 두 가지 계획이 있었으니 하나는 요순 삼대의 유풍을 사모하여 동방 성인의 백성이 되고자 함이요, 또 하나는 자손을 예의의 나라에 남겨 대대로 예의의 사람을 만들고자 함이라…. 동리 이름 우록은 내가 취하는 바가 있으니, 산중에 은거하는 사람은 대개 사슴을 벗하며 한가로움을 탐하는 것이다. 내 평생 산중에 숨어 살고자 하는 뜻에 부합한다"

자신의 후손이 조선의 백성으로 살아가길 바라는 마음 하나로 귀화한 그는 욕심 없이 사슴과 벗하는 마을 '우록동'에 뿌리를 내렸다.

녹동서원에서 300m가량 떨어진 삼정산 자락에 모하당의 묘소가 있다. 묘소 앞에 서면 우록리의 평화로운 풍경이 눈에 고스란히 들어온다.

충절관

여행팁

녹동서원 주소 대구광역시 달성군 가창면 우록길 218
문의 053-767-5790

달성 한일우호관 주소 대구광역시 달성군 가창면 우록길 206
문의 053-659-4490
홈페이지 http://www.dskjfriend.kr

달성 한일우호관

관람시간 : 3월 ~ 10월 09:00 ~ 18:00

11월 ~ 2월 09:00 ~ 17:00 (종료 50분 전 입장마감)

매주 월요일과 1월1일, 설, 추석 당일은 휴관

전통의상체험과 예절교실은 첫째, 셋째주 일요일에 상설체험으로 진행한다. 평일은 예약제로 운영된다. 3일 전까지 전화로 예약하면 된다.

주변 볼거리

워터파크 스파밸리

24시간 지루할 새가 없는 종합 워터파크. 출발부터 착지까지 딱 3초 걸린다는 26m의 아찔한 슬라이드에서는 즐거운 비명이 끊이지 않는다. 허리케인 슬라이드, 정글아쿠아, 마운틴 슬라이드, 유수풀 등 스릴만점의 물놀이 시설이 가득하다. 특히 부

메랑과 슈퍼볼은 대기 줄이 끝이 없다. 천연 육각온천수를 자랑하는 실내워터파크에는 바데풀, 클로렐라 노천탕, 아쿠아플레이, 키즈풀, 찜질방, 닥터피시탕이 기다리고 있다. 한겨울에도 즐길 수 있는 사철 워터파크 시설을 자랑한다.

대구광역시 달성군 가창면 가창로 891

네이처파크

전국 최초 교감형 생태동물원이다. 각양각색의 새들이 모여 있는 버드가든에서는 새 먹이주기 체험이 가능하다. 손바닥에 먹이를 올려놓으면 새들이 자연스레 올라와 앉는다. 자연생태관에서는 도둑게 먹이주기, 열대어 먹이주기를 비롯해 장수풍뎅이를

직접 만져 볼 수 있다. 다람쥐, 코아티, 몽구스가 살고 있는 다람쥐빌리지가 눈길을 끈다. 주암산 자락의 울창한 숲에 조성한 산책로를 따라 걷다 보면 공작새, 토끼, 거위가 불쑥불쑥 나타나 재미를 준다. 애니멀밸리는 사자, 호랑이 같은 맹수가 산다.

대구광역시 달성군 가창면 가창로 891

달성을
다
담다

───────

가창 권역
가창 모락모락찐빵길

가창 모락모락찐빵길
말랑 달콤 따뜻한 추억의 찐빵

가창에는 줄 서서 먹는 명품 찐빵이 있다. 대구에서 청도로 가는 30번 국도, 달성군 가창면 용계마을 입구에서 만나는 모락모락찐빵길이다. 전국에 이름을 알린 가창 모락모락찐빵길은 500여 m에 걸친 도롯가에 10여 개의 찐빵집이 영업 중이다. 개성 있게 꾸며진 가게 앞의 찜통에는 하얀 김이 모락모락 피어나고 그 연기 사이로 맛있는 찐빵과 만두가 말랑말랑하게 익어 간다. 먹을 것이 귀하던 시절에는 허기를 달래 주던 국민간식, 가창 찐빵이 이제는 정겹고 따뜻한 추억의 맛을 떠올리게 하는 힐링 간식으로 사랑받고 있다.

전국의 입맛을 사로잡은 수제 찐빵, 가창 모락모락찐빵길

가창면 행정복지센터 근방의 도로에 찐빵거리가 생긴 것은 그리 오래전 일이 아니다. 2000년 첫 찐빵집이 들어선 이후 2002년 대구 지역 방송에 알려지면서 입소문을 타기 시작했고 2003년에는 전국적인 관심을 얻으며 특성화 골목으로 명성을 떨치게 되었다. 사랑의 열매 '대구사회복지공동모금회'에서 매월 매출액의 일부를 정기적으로 기부하는 착한 가게들이 들어선 골목을 착한 골목으로 지정하고 있는데 2013년 가창찐빵거리가 대구에서 6번째로 선정되었다. 가격도 착하고 맛도 좋은 찐빵의 인기 비결은 착한 인심도 한몫을 했다.

2000년 봄에 생긴 첫 번째 찐빵집은 가창면 행정복지센터 맞은편에 문을 연 '옛날찐빵집'이다. '옛날찐빵집'의 박지연 대표는 시장에서 만든 찐빵을 받아다 트럭장사로 시작했다가 대구에서 소문난 찐빵 기술자를 찾아내서 직접 수제 찐빵을 만들기 시작했다. 찐빵의 쫀득한 식감과 넉넉한 팥소가 유명해지면서 찐빵집이 호황을 누리자 다른 가게들이 주변에 하나 둘 생기기 시작했다. 찐빵거리의 모든 가게가 찐빵과 만두를 파는데 그 맛이 미묘하게 달라 여러 가게에서 맛을 보고 내 입맛에 맞는 곳을 고르는 즐거움을 찾을 수 있다.

| 1 | 1 착한골목으로 지정된 찐빵길 |
| 2 | 2 귀여운 찐빵 캐릭터와 쉼터 |

정성으로 빚고 따뜻한 마음으로 쪄낸 착한 찐빵

가창찐빵거리에서 가장 이름을 알린 곳은 찐빵거리의 원조인 '원조가창옛날찐빵손만두'와 찐빵의 새로운 맛을 찾아낸 '호찐빵만두나라' 두 곳이다. 찐빵거리를 만든 주인공 박지연 대표는 '찐빵의 차진 식감과 넉넉한 팥소'가 가창찐빵의 특별한 매력이라고 말한다. 가게 안을 둘러보면 수제찐빵을 만드느라 밀가루 반죽과 붉은 단팥소가 담긴 그릇들이 즐비하다. 밀가루, 물, 설탕, 소금, 이스트 등을 적당량 넣고 기계에서 7분 정도 반죽을 한다. 부드러운 반죽에 달콤한 팥소를 넉넉하게 넣어 동글동글하게 만든 찐빵은 숙성실에서 40분 숙성시킨 후 찜솥에서 통통하게 쪄낸다. 팥소의 당도는 50브릭스brix 정도로 너무 달지 않게 낮췄다. 단맛이 너무 강하면 맛있는 찐빵을 많이 먹을 수 없다는 이유 때문이다.

골목 찜솥마다 김이 모락모락

'호찐빵만두나라'의 서노영 대표는 오랫동안 제과점을 운영해 온 경험을 살려 찐빵의 새로운 맛을 연구하는 데 힘을 실었다. 가창찐빵은 반 잘랐을 때 진득한 팥소가 넉넉한 게 특징이다. 알갱이가 톡톡 씹히는 팥소는 부드러우면서 차지고 구수하면서 달콤하다. 단맛을 적당히 줄여 앉은 자리에서 다섯 개는 먹을 수 있을 만큼 맛있는 당도를 찾았다. 찐빵과 만두를 저온 숙성하여 맛과 풍미를 살리는 시스템을 개발하고 팥, 옥수수, 고구마, 쑥, 호박 등 다섯 가지 건강한 맛의 찐빵을 만들었다. 가창찐빵거리에선 아침마다 찐빵과 만두 택배가 부지런히 전국으로 실려 나간다니, 최고의 간식거리임에 틀림없다.

모락모락 하얀 김을 호호 불며 먹는 추억의 힐링 찐빵

가창찐빵거리의 찐빵집들은 이른 아침부터 찐빵과 만두를 만들어 찌느라 분주하다. 싱싱한 채소와 신선한 돼지고기 등 좋은 재료로 속을 꽉꽉 채워 만드는 왕만두와 고기만두, 김치만두는 그 과정을 살펴보면 맛있는 게 당연할 정도다. 가게마다 직접 찐빵을 제작하고 있어

1 가창 모락모락찐빵길 벽화 | 2 정성껏 빚은 만두

찐빵 안 꽉 찬 팥소

유리창 너머로 찐빵이 만들어지는 과정을 구경할 수 있다. 일사불란하게 움직이는 제빵사의 빠른 손놀림에 감탄이 나오기도 한다. 가게마다 층층이 쌓아 놓은 찜통에서 하얀 김이 모락모락 피어나는 걸 보게 되면 찐빵을 살 생각이 없던 사람들도 가던 길을 멈추고 가게 앞 긴 줄에 따라 설 수밖에 없다.

전국에 소문난 찐빵의 명성을 확인하고 싶어 마음에 드는 찐빵집을 골라 들어가면 주인장이 반갑게 맞아준다. 뜨거운 찜통의 뚜껑을 여는 순간 통통하게 부풀어 오른 만두의 뽀얀 자태에 침이 꼴깍 넘어간다. 가장 맛있는 찐빵과 만두를 맛볼 수 있는 타이밍이다. 하얀 찐빵과 모양은 비슷하지만, 채소와 고기가 듬뿍 들어간 커다란 왕만두는 하나만 먹어도 든든한 요깃거리가 되어 준다. 먹을 것이 풍족해지면서 찐빵의 인기가 잠시 주춤했지만 올 겨울 가창찐빵거리는 다시 줄을 선 사람들로 북적일 것이다. 하얀 수증기를 날리며 찜통 안에서 통통하게 쪄낸 찐빵을 한입 베어 물면 행복한 미소가 피어난다. 찐빵의 쫀득한 속살 사이로 고소한 팥소가 꿀처럼 흘러내리는 달콤한 순간, 힐링 찐빵의 진가를 알게 되기 때문이다.

여행팁

주소　대구광역시 달성군 가창면 용계리 56-5

　가창 모락모락찐빵길에는 똑같은 찐빵과 만두가 하나도 없다. 모든 가게가 찐빵과 만두를 팔지만 제빵사의 손맛에 따라 미묘하게 다른 맛으로 만들어진다. 어느 곳은 옥수수, 쑥, 호박 등 몸에 좋은 채소를 넣어 찐빵을 만들고 건강에 좋은 웰빙 찐빵과 힐링 찐빵을 개발해서 팔기도 한다. 어느 가게는 당뇨 환자를 위해 당 수치가 많이 오르지 않는 찐빵을 개발 중이라는 소식도 들려온다. 젊은 층의 취향에 맞추기 위해 튀김만두와 팥 도넛을 파는 곳도 있는데, 역시 손맛이 좋은 곳은 다른 메뉴에도 소홀하지 않은 정성이 느껴진다.

　10여 곳의 찐빵을 다 맛보고 싶다면 갈 때마다 새로운 가게에서 먹어 보고 입맛에 맞는 곳을 찾아도 좋겠다. 모락모락찐빵길은 어느 집엘 가도 자신만의 노하우를 가지고 맛있는 찐빵과 만두를 만들어 내는 장인의 명품만두를 맛볼 수 있어서 믿음직하다.

주변 볼거리

가창댐

1959년 준공된 가창댐은 대구시민에게 안정된 수돗물을 공급하기 위해 세워진 댐이다. 가창댐에서 정수된 물은 수성구 일부 지역과 달성군 가창면 전역에 공급돼 대구의 주요상수원 중 하나다. 예전부터 가창골짜기는 물 맑고 산세가 수려하기로 유명했다.  지금도 가창댐 부근은 아름다운 청정 자연을 누릴 수 있는 휴식처와 드라이브 코스로 사랑받는 곳이다. 가창댐에서 헐티재로 이어지는 드라이브 코스는 초록 터널이 싱그럽게 드리우는 가로수 길로 여름에 특히 아름답다.

📍 대구광역시 달성군 가창면 용계리 138-2

가창창작스튜디오

가창창작스튜디오는 2007년 문을 연 젊은 현대미술 작가들의 창작공간이다. 유망한 신진 예술가들에게 안정적인 창작 공간인 입주 스튜디오를 제공하여 창작과 예술교류 활동을 지원하고 지역주민 연계프로그램을 통한 지역문화예술의 소통과 커뮤니티 활동을 추진하고 있다.  국제교류와 창작연구 외에도 입주 작가 개인전, 입주 작가 프로젝트 등 다양한 운영 프로그램을 진행 중이고 작가들의 작품을 상시 전시하고 있어 자유로운 관람이 가능하다. 폐교된 우록분교 건물을 리모델링해 조성한 창작스튜디오는 낡은 건물 외벽을 컬러풀한 색감과 디자인으로 아름답게 꾸며 놓아 예술적인 감흥과 창작의 에너지로 가득하다.

📍 대구광역시 달성군 가창면 가창로57길 46

달성을 다 담다

―――――
하빈 권역
하목정

하목정

수백 년 세월에도
변치 않는 멋과 운치

낙동강이 내려다보이는 강변에 자리한 하목정은 조선의 내로라하는 시인묵객들이 찾던 명소다. 지금도 멋과 운치 좀 안다는 사람들의 발길이 조선시대 못지않게 줄을 잇는다. '하목'은 '붉은 노을 속에 날아가는 따오기'라는 수채화 같은 이름이다. 현판 글씨는 인조의 어필이다. 대청마루에 걸터앉으면 인조가 감탄했던 풍광이 사방으로 펼쳐진다. 낙동강에 철새가 날고 정자를 둘러싼 배롱나무는 눈부시게 붉다. 새벽에는 물안개가 피고 저녁이면 노을이 감싼다. 세월이 가도 변치 않는 하목정의 절경 앞에 앉으면 시간은 하염없다.

으뜸으로 꼽히는 전국 백일홍 명소

달성군에는 빼어난 보물들이 수두룩하다. 유네스코에 등재된 도동서원 강당과 담장을 비롯해 육신사의 태고정, 현풍 석빙고, 용연사 금강계단과 목조아미타여래삼존좌상, 운흥사 목조아미타여래삼존좌상이 우리나라 보물로 지정된 달성의 자랑거리다. 그중에 2019년 보물 제2053호로 승격한 하목정은 아름다운 경관으로 소문이 자자하다.

하목정이 자리한 달성군 하빈면 하산리는 강가라는 뜻의 하빈면 그리고 노을에 물든 산이라는 뜻의 하산리라 이름만큼이나 강과 산이 멋진 마을이다. 대숲이 우거진 동산에 기대어 옆으로 낙동강이 넉넉하게 흐르는 하목정 자리는 동네에서도 풍광이 첫손에 든다. '붉은 노을 속에 날아가는 따오기'라는 하목의 뜻처럼 한 폭의 수채화가 떠오르게 한다.

솟을대문으로 들어서면 하목정 대청에 커다란 배롱나무 꽃 액자가 걸린 듯 눈을 뗄 수

배롱나무꽃이 액자처럼 걸렸다.

400년 세월 품은 하목정

가 없다. 꽃이 바람에 흔들리는 순간 정신을 차리고 보면 대청 판문의 사각 프레임 너머 진분홍빛 배롱나무 꽃이 가득하다. 그제야 넓은 대청마루가 눈에 들어온다. 오랜 세월 켜켜이 머금은 채 사방으로 풍경을 끌어안았다. 북쪽은 동산의 대숲을 마주하고 동쪽에는 아늑한 방을 품었다. 남쪽으로는 반가운 손님을 맞이하는 대문을 향하고 서쪽에는 낙동강이 넉넉히 펼쳐진다.

뜰에는 400년 된 배롱나무 여러 그루가 여름이면 장관을 이룬다. 배롱나무 꽃은 여름꽃이다. 꽃이 100일 동안 핀다 해서 백일홍이라고도 불린다. 7월부터 9월까지 백일 동안 피고 지기를 거듭하며 더위를 달래 준다. 하목정은 배롱나무 꽃으로 꽤 유명하다. 진분홍꽃이 정자와 어우러져 말 그대로 꽃대궐을 이룬다. 진분홍꽃 너머 낙동강 노을이 붉게 물드는 여름날 풍경은 으뜸이다. 세상 시름 다 잊고 하염없이 바라보아도 좋을 풍경이다.

인조의 아픔까지 어루만진 하목정의 풍광

하목정의 역사는 400년 전으로 거슬러 올라간다. 선조 37년인 1604년에 낙포 이종문이 지은 정자다. 이종문은 문과 무를 가리지 않고 두각을 나타낸 뛰어난 인재다. 임진왜란이 일어나자 책을 놓고 나라를 구하기 위해 의병을 일으켰다. 부친 이경두, 아우 종택과 함께 의병장 곽재우 장군을 도왔다는 기록이 전한다. 그 공로로 원종공신에 녹훈됐다. 달성 하빈면 하산리에서 태어난 그는 전쟁이 끝나자 자신의 서재를 중건해 하목정을 세웠다. 사헌부 감찰과 군위현감을 두루 거친 뒤 고향에 돌아와 하목정에서 여생을 보냈다.

하목정 처마 아래 '하목당' 편액이 눈에 띈다. 글씨는 인조의 어필이다. 능양군 시절의 인조가 이곳을 지나다가 경치에 반해 하목정에서 유숙했다. 당시 배다른 형제 광해군이 왕이었다. 미쳐가던 광해군에게 동생 능창군이 누명으로 죽고 아버지마저 화병으로 잃었다.

인조의 어필

하목정의 아름다운 석양과 유유히 날던 철새가 그의 마음을 어루만졌을까.

훗날 이종문의 아들 지영이 벼슬에 올라 대궐에서 인조와 마주쳤다. 인조는 그때 일을 잊지 않고 하목당 편액을 내리고 부연을 달도록 내탕금을 하사하였다. 부연은 원형의 서까래 위에 올린 사각형의 서까래로 웅장한 지붕이 집을 돋보이도록 한다. 왕궁에서나 할 수 있는 부연을 사가에 달 수 있도록 왕명을 내린 것이다.

인조가 편액을 하사한 이후 조선의 내로라하는 시인묵객들이 찾는 명소가 됐다. 내부에는 김명석, 남용익 등 명인들의 시액이 걸려 있다. 정조 때 영의정을 지낸 채제공과 현종 때 문인인 정두경, 이덕형을 포함해 당대의 이름 높은 선비들이 앞다투어 이곳에서 시를 읊었다.

'강 물줄기와 산세가 길게 뻗었는데 / 멀리 펼쳐진 들판의 아름다움 그리기도 어렵구나 / 새벽안개와 연기와 섞여 물가에 잠겨 있고 / 저녁 석양빛은 강물 위에 출렁이네' 이덕형이 하목정에서 본 풍경이다.

하목정 뒤 언덕 위로 보이는 사당은 지영의 증손인 전양군 익필을 제향하는 곳이다. 익필은 영조 4년 이인좌 난을 토벌해 분무 3등공신에 올랐다. 사당에 그의 영정을 모시고 불천위로 정해 영원히 제사를 지낸다.

🪧 여행팁

주소 대구광역시 달성군 하빈면 하목정길 56-10

하목정은 연중 개방되며 무료다. 산 좋고 물 좋은 곳에 사철 아름다운 정자지만 하목정의 진가는 여름이다. 7월부터 9월까지 전국에서 발길이 이어진다. 400년 된 우람한 배롱나무들이 오랜 정자를 둘러싼 모습으로 소문이 자자하다. 배롱나무 꽃이 피면 곳곳이 인생샷 포인트다. 첫 번째는 뜰에 커다란 배롱나무 아래 놓인 통나무의자. 여기 앉아 찍으면 누구라도 SNS 인기스타가 된다. 두 번째는 하목정 뒤에 사당으로 오르는 계단이다. 계단에 서면 머리 위로 배롱나무 꽃이 구름처럼 펼쳐진다. 가장 중요 포인트는 대청 판문이다. 대청 앞에서 판문을 향해 셔터를 누르면 배롱나무 꽃으로 가득한 액자를 담을 수 있다.

주변 볼거리

지내지

80여 년의 역사를 가진 작은 저수지다. 사진 작품 활동을 하는 동호인들 사이에 알음알음 입소문이 나면서 이제는 일반인들에게도 사진 맛집으로 자리 잡았다. 저수지 둘레로 커다란 왕버드나무들이 멋진 풍경을 선사한다. 사진 찍기 좋은 녹색명소로 유명한 경산의 반곡지를 쏙 빼닮았다. 바람이 잔잔한 날에 저수지에 반영된 왕버드나무는 셔터를 누르는 순간 작품이 된다. 사진작가들이 귀띔하는 시간은 일몰 때다. 붉게 물든 하늘이 물에 반영되면 데칼코마니처럼 황홀한 장면이 연출된다. 한적한 저수지 둘레를 한 바퀴 걷는 것도 매력 있다.

📍 대구광역시 달성군 하빈면 대평리 772

(사진 달성군)

달성을
다
담다

―――
하빈 권역

하빈 PMZ 평화예술센터

하빈 PMZ 평화예술센터
평화의 소중함을 기억하는 곳

연꽃마을로 알려졌던 봉촌리가 놀라운 변신을 하게 된 건 지난 2019년 6월의 일이다. 국내 최초로 달성군 하빈면 봉촌리에 평화와 예술을 콘셉트로 만든 복합문화공간인 하빈 PMZ 평화예술센터가 문을 연 것이다. 하빈 PMZ 평화예술센터는 6·25 피란민들에 의해 정착된 하빈면 봉촌2리 전재민촌의 아픈 역사를 돌아보고 평화의 소중함을 기억하며 자유롭고 독창적인 평화예술체험을 경험하는 공간이다. 마을의 역사와 문화를 담은 벽화골목까지 타박타박 걷고 나면 하빈면의 '평화기념 마을이야기'가 잔잔한 감동으로 남는다.

전쟁 피란민촌에서 평화기념마을로 변신하다, 하빈 PMZ 평화예술센터

하빈 PMZ 평화예술센터는 평화를 주제로 하는 역사·문화적 가치를 지닌 복합문화공간이며 PMZ는 'Peace Memorial Zone'의 약자다. 하빈 PMZ 평화기념마을 조성사업의 일환으로 2019년 건립되었다. 달성군 하빈면 봉촌리는 6·25 전쟁으로 고향과 삶의 터전을 잃어버린 전재민이 정착하면서 약 70여 가구가 모여 살았던 곳이라 그 의미가 남다르다.

PMZ 평화예술센터는 전시장과 창작 공간, 음식체험관, 카페, 주민 상설판매장 등으로 구성되어 있다. 전시장은 평화를 주제로 지역작가를 초청하여 작품을 전시하고 주민과 관광객을 대상으로 낙동강변의 장소적 특성을 살린 생생한 체험프로그램을 진행 중이다. 창작 공간에서는 도자기 체험, 손뜨개 작업실, 아로마테라피 등 여러 가지 핸드메이드 작품을 만들어 볼 수 있다. 넓고 쾌적하게 꾸민 음식체험관은 봉촌리의 특산물인 연근으로 만드는 체험프로그램이 인기다. 그중에 연근피자 만들기는 아이들이, 연근 막걸리 만들기는 어른들이 좋아하는 체험이다. 마을주민들로 구성된 낙동연잎 협동조합이 운영하는 주민 상설

1 2 | 1 6·25 전쟁 전재민들이 정착한 마을 | 2 재미있는 체험프로그램을 운영한다.

판매장에도 연근차, 연밥, 연잎장아찌 등 연근을 활용한 건강식품이 깔끔하게 정리되어 있다. 센터 주변으로 낙동강과 하빈 마을의 아름다운 경관을 조망하며 걸을 수 있는 둑길과 수변공원이 깔끔하게 조성되어 있어 산책하기에 좋다.

치열한 삶의 애환과 연꽃이 그려진 벽화, 봉촌리 벽화마을

하빈 PMZ 평화예술센터 입구에는 평화예술촌 간판이 서 있다. 현재 봉촌리 주민들의 삶과 역사를 다양한 모습의 골목으로 표현해놓은 '평화기념 마을이야기'다. 첫 번째 골목은 '소식골목'인데 6·25 전쟁 피란민으로 정착하며 치열하게 살았던 삶의 발자취를 사진과 글로 소개하고 있다. 전쟁 직후, 정부는 오갈 데 없는 피란민을 대상으로 이주민들에게 집과 땅을 주겠다고 하여 이주는 했지만 좁은 집에 바람이 불면 낙동강 모래가 날아들어 힘들었다고 한다. 모래땅이어서 반야월에서 종자를 가져다 심기 시작하여 유명한 하빈 연근이 탄생했다. 하빈을 대표하는 농작물인 연 농사가 1980년부터 시작되었다. 그래서 벽화골목에는 화사한 연꽃과 성싱한 연잎을 주제로 하는 그림이 많다.

제2골목은 전쟁 피란의 모습을 부조 벽화로 표현한 '피란골목'이다. '평화골목'을

| 1 | 1 8개의 골목으로 이루어진 평화예술촌 |
| 2 | 2 골목마다 뭉클한 마을이야기가 담겼다. |

주민들의 작품으로 꾸며진 주민갤러리

지나면 '삶의 골목'이 나온다. 타일에 사진을 찍어 아이들의 모습을 담은 담벼락은 예술작품처럼 아름답다. 제5골목은 '그리움골목'이다. 마음을 울리는 향수에 대한 시가 적혀 있다. 이 외에도 쉬어 가는 골목, 추억골목, 회상골목 등이 있어 여유롭게 걸어 산책하기 좋다.

벽화마을을 꼼꼼히 돌아보는 '마을이야기 코스' 투어도 있다. 마을 주민인 안내해설사가 골목투어를 해주며 마을의 역사를 들려준다. 산책을 하다 보면 옛 모습 그대로 남아 있는 집 한 채를 만난다. 마을 사람들 대부분 옛집을 허물고 새집을 지었는데 유일하게 피란민의 후손이 지켜낸 집이다. 작은 마당에는 잡초가 무성하고 쇠락한 집은 초라하지만 한때 누군가의 삶의 터전이 되었을 집의 온기가 느껴져 훈훈한 감동이 여운으로 남는다.

PMZ 평화예술센터의 여름 축제,
〈하빈 6·25 평화축제 하빈아! 평화야! 같이 놀자~〉

해마다 6월 24일과 25일, 양일간 PMZ 평화예술센터에서 〈하빈 6 · 25 평화축제 하빈아! 평화야! 같이 놀자~〉 체험축제가 열린다. 올해에도 두 번째 체험축제를 알차게 마쳤다. 마을 주민들이 살고 있는 평화예술촌을 중심으로 평화 · 역사 · 자연을 테마로 다양한 세대가 함께 어우러져 즐길 수 있는 문화예술 체험을 진행한다.

　축제기간에 열리는 체험프로그램은 지역특산물인 연근을 활용한 연근피자 만들기, 연근 수제 막걸리 만들기와 아로마테라피 수분 스킨 만들기, 생활도자기 만들기 등 만들기 쉽고 재미있는 체험으로 구성되어 사전예약으로 진행된다. 그 외 연근비누, 누에고치체험, 천연염색, 희망다육이 심기, 전통놀이체험 등 현장에서도 다채로운 체험프로그램을 즐길 수 있다. 또한 봉촌리 예술단이 공연하는 난타와 팬플루트 공연 등 야외음악회도 빼놓을 수 없다.

　하빈 평화축제 기간에는 전재민 마을에 대한 역사와 마을 주민들의 삶을 엿볼 수 있도록 마을해설사와 함께 마을을 둘러보는 '마을이야기 코스' 투어 프로그램도 운영한다. 체험인원은 10명 이상, 체험시간은 30분~1시간으로 사전 예약하면 평상시에도 참여 가능하다. 전재민 마을의 아픈 역사와 삶의 현장을 돌아보는 시간은 평화의 의미를 다시 한번 깨닫게 한다.

해마다 열리는 평화축제

🪧 여행팁

주소 대구광역시 달성군 하빈면 하빈남로 400
문의 053-593-9942
홈페이지 http://pmz.kr/

하빈 PMZ 평화예술센터 주말(토요일) 체험프로그램

운영시간 : 9:00 ~ 18:00

연근고추장 만들기 10,000원, 연근비누 만들기 5,000원

체험프로그램 예약 053-593-9942

PMZ 카페

이용시간 : 10:00 ~ 17:00, 매주 일요일 휴무

문의 : 0507-1327-0839

메뉴 : 연근차 3,000원, 연근라떼 5,000원, 연잎차 3,000원,
아메리카노 3,000원, 미숫가루 라떼 4,000원

주변 볼거리

하빈 행복생활문화센터

하빈 행복생활문화센터는 지역 주민이 생활문화의 주체가 되고 다양한 커뮤니티를 형성하는 공간이다. 지역민들의 문화예술 활동 공간을 마련하기 위해 옛 대평초등학교를 리모델링하여 조성했다. 1층에는 다목적실, 마주침공간, 사무실이, 2층에는 공작실, 동아리실 등 다양한 공간과 시설을 갖추고 있다. 새로운 취미를 만들고 싶은 주민을 대상으로 열렸던 '우리 취미데이트 해요' 기획프로그램은 비단부채 만들기, 자이언트 플라워 만들기 등 원데이 클래스로 인기를 모았다.

    달성군을 거점으로 활동하고 있는 성인으로 구성된 5인 이상의 생활문화 관련 동호회 또는 단체는 다목적실, 공작실, 동아리실을 최대 4시간, 무료로 대관할 수 있어 주민들의 취미생활에 유익한 공간이 되고 있다.

대구광역시 달성군 하빈면 하빈로172길 1 | 053-593-4270

달성을 다 담다

하빈 권역
육신사와 순천 박씨 집성촌 묘골

육신사와 순천 박씨 집성촌 묘골
목숨 바친 충절과 유일한 혈손의 영화 같은 이야기

야트막한 산 아래, 아늑히 자리 잡은 마을이다. 한눈에 보아도 청명하고 깊은 기운이 물씬 풍긴다. 사육신 박팽년의 후손들이 모여 사는 마을, 묘골이다. 목숨과 맞바꾼 사육신의 충절이 서린 육신사와 보물로 지정된 태고정을 비롯해 도곡재, 삼가헌고택 등 눈여겨 볼 고택들이 자리한다. 유일하게 목숨을 건진 혈손의 영화 같은 이야기와 훌륭한 명가의 얼이 살아 숨 쉰다. 마을로 들어가는 길을 수놓은 붉디붉은 배롱나무 꽃은 선비의 절개를 닮았다.

박팽년 후손이 대를 이어 살아온 마을

나지막한 산자락이 포근히 감싸 안은 묘골. 밖에서 보면 마을이 보이지 않는 묘한 지형이라 해서 붙여진 이름이다. 이곳은 충정공 박팽년의 후손인 순천 박씨 집성촌이다. 순천 박씨가 묘골에 정착한 이야기에는 역사적 아픔이 서려 있다. 박팽년은 단종 복위를 꾀하다 죽임을 당한 사육신 중 한 명이다. 세종의 총애를 받던 박팽년은 세조가 단종을 폐위하고 즉위하자 성삼문, 하위지, 이개, 유성원, 유응부와 함께 단종 복위를 도모하다 발각된다. 이들은 능지처참을 당하거나 자결하였고 삼족을 멸하는 형벌이 내려졌다. 남자들은 삼대가 처형 당하고 여자들은 관비로 삼아 가문이 사라지게 되었다.

    묘골에는 박팽년의 후손이 멸문지화를 피하게 된 영화 같은 이야기가 전해온다. 당시

순천 박씨 집성촌 묘골

관비로 있던 박팽년의 둘째 며느리가 임신 중이었다. 출산을 위해 친정으로 보내졌고 낳은 아이가 여자 아이면 관비로 삼고 아들이면 죽이라는 명이 내려졌다. 태어난 아이는 아들이었다. 마침 친정집 몸종이 딸을 낳았는데 그 딸과 서로 바꾸어 아이의 목숨을 건졌다. 기적처럼 살아난 그 아이가 박일산이다. 훗날 박팽년이 복원되면서 손자 박일산의 존재가 알려졌고 묘골에 정착해 사육신을 모신 충절의 마을을 세웠다.

마을로 향하는 길목에 커다란 충절문이 서 있다. 성스러운 영역으로 입장하듯 충절문을 통과하면 길 양쪽으로 배롱나무가 줄을 잇는다. 여름이면 붉디붉은 꽃이 흐드러지게 피어 배롱나무 명소로 손꼽힌다.

사육신을 모신 충절의 마을

충효당, 도곡재 등 멋스러운 기와집들이 빼곡

마을 입구에 사육신기념관이 반긴다. 사육신의 충절과 업적에 대해 자세히 전시되어 있는 기념관으로 마을을 돌아보기 전에 사육신에 대한 궁금증을 풀어준다. 사육신이 누구이며, 육신사는 왜 세워졌는지 묘골마을 유래와 문화재에 대해 한눈에 볼 수 있다. VR체험존과 XR체험존은 생생한 체험을 통해 사육신을 알게 해준다.

사육신기념관을 나서면 본격적인 마을탐방이 시작된다. 가장 먼저 눈에 띄는 건물은 충효당이다. 인조 22년 박팽년의 7세손인 금산군수 숭고가 별당으로 지은 것이다. 그 후 충과 효의 법도를 가르치는 강학 공간으로 사용되면서 충효당으로 이름이 바뀌었다.

마을 안쪽 깊숙이 자리한 육신사로 향하는 길은 양쪽으로 고가들이 한옥마을의 정취를 더한다. 한눈에 봐도 멋스러운 기와집들이 즐비해 골목을 걷는 일이 즐겁다.

육신사 정문 몇 걸음 앞에 도곡재가 있다. 색색의 꽃들이 피어난 마당이 따사롭다. 단아하고 기품 어린 건물이다. 대사성 박문현이 1778년에 지은 이 건물은 도곡 박종우가 재실로 쓰면서 그의 호를 따서 도곡재라 부른다. 달성십현의 한 사람인 박종우는 인조 때 학문과 덕행을 겸비한 동방의 1인자로 칭송을 받았다.

1 사육신기념관 | 2 사육신기념관 내부

1778년에 지은 유서 깊은 도곡재

보물로 지정된 태고정과 사육신을 모신 육신사

육신사는 사육신의 위패를 모신 곳이다. 처음에 현손 박계창이 박팽년의 제사를 지내기 위해 세운 사당이다. 어느 날 제사상을 차려 놓고 깜박 조는 사이에 꿈을 꾸었다. 형장을 당한 남루한 차림의 노인 다섯 분이 주린 배를 안고 문밖에 서성이는 꿈이었다. 박팽년을 제외한 나머지 사육신은 제사를 지낼 후손이 없었던 것이다. 깜짝 놀라 꿈에서 깬 현손은 그 뒤로 사육신 여섯 분의 제사를 함께 지내게 되었다.

그 이야기를 전해 들은 유림들이 뜻을 모아 낙빈사를 세우고 여섯 분을 추모하기 시작했다. 그러다가 편액을 하사받고 사액서원이 되었으나 서원철폐령으로 낙빈서원이 철폐된다. 잠시 제사가 끊어지는 위기도 있었으나 1974년 정부에서 '충효위인 유적정화사업'을

사육신을 모신 육신사

하면서 육신사를 건립하고 사육신의 위패를 봉안해 매년 춘추절에 향사를 지내게 되었다.

정문인 외삼문에 들어서면 붉은 홍살문이 우뚝 서 있고 흐드러진 배롱나무 꽃과 내삼문이 기다린다. 홍살문을 지나면 오른편에 태고정이 보인다. 보물 제554호인 태고정은 박일산이 지은 종택의 정자다. 1479년에 처음 세워져서 임진왜란 때 소실되었다가 1614년에 중건되었다.

오른쪽 대청에는 팔작지붕을 얹고 왼쪽에 딸린 방과 부엌에는 맞배지붕에 부섭지붕을 달아냈다. 부섭과 맞배에서 팔작의 추녀로 이어지는 선이 곱고 겹처마와 홑처마로 달리한 섬세함이 눈에 띈다. 태고정에서 내려다보이는 마을 풍광이 유난히 시원하다.

1 보물 제544호 태고정
2 사당 숭정사

내삼문인 성인문 안으로 사당인 숭정사가 자리한다. 사육신의 위패가 함께 봉안되어 있다. 성인문 축대 아래 사육신의 행적을 기록한 육각비와 박정희, 최규하 전 대통령 그리고 박준규 전 국회의장의 서명이 새겨진 기념표지석이 있다.

숭정사 왼편 언덕 위로 우뚝한 건물은 충의사다. 박팽년의 아버지 박중림을 모신 공간이다. 박중림은 대제학, 공조판서, 형조판서 등 수많은 벼슬에 오른 인물이다. 세조가 등극하면서 벼슬에서 모두 물러났고 사육신인 아들과 함께 능지처참 당했다. 그때 죽음을 당한 사육신과 가족이 200여 명에 이른다고 한다. 영조 때 사육신의 신원이 복원되었다.

선비의 세 가지 덕목 새긴, 삼가헌 고택

육신사에서 자그마한 야산을 넘어가면 파회마을이 있다. 이곳에 삼가헌고택이 있다. 1769년 박팽년의 11세손인 성수가 초가를 지어 자신의 호를 따서 삼가헌이라 이름하였다. 1783년 작은 아들 광석을 이곳 파회로 분가를 시키며 자신의 당호를 내어준다. 박광석은 1826년에 초가를 헐고 안채와 사랑채를 지어 집을 늘렸고 1874년에 광석의 손자 규현이 연못을 꾸미고 별당채인 하엽정을 세워 오늘에 이른다.

    삼가헌은 중용에서 따온 것이다. 선비가 갖추어야 할 세 가지 덕목으로 "천하와 국가는 다스릴 수 있고 관직과 녹봉을 사양할 수 있고 시퍼런 칼날도 밟을 수 있음"을 뜻한다. 삼가헌 편액 글씨는 창암 이삼만의 것이다. 추사 김정희와 함께 당대 명필로 꼽히던 창암의 글씨가 건물의 품격을 더한다.

삼가헌 고택

별당 하엽정

　사랑채 삼가헌 옆에 또 하나의 보물이 숨어 있다. 작은 대문 너머 숨은 듯 자리한 별당 '하엽정'이다. 연못이 있는 정원과 누마루가 유난히 아름답다. 사각의 연못 가운데 둥근 섬과 섬으로 건너가는 외나무다리가 운치 있다. 연꽃을 심은 연못 주변에는 철 따라 붓꽃이며 작약꽃이며 해당화가 향기를 뿜낸다. 연못을 향해 나앉은 누마루가 세상 다 가진 듯 초연하다.

육신사와 삼가헌고택을 잇는 육신사 둘레길

마을에서 삼가헌 고택까지 이어지는 육신사 둘레길이 나있다. 외삼문을 나오면 오른쪽으로 산책로 입구가 보인다. 살짝 오르막길을 오르면 대나무숲이 보이고 마을 뒷산 육각정이 나온다. 육각정에 앉아 잠시 호흡을 가다듬은 다음 삼가헌으로 방향을 잡는다. 강정보 녹색길 이정표가 잘 되어 있어서 길 찾기가 쉽다. 조금씩 숲이 깊어지고 울창한 오솔길이 이어진다. 잠시 싱그러운 숲의 기운을 느끼며 걷다 보면 파회정 쉼터에 닿는다. 삼가헌이 있는 파회마을이다. 파회정은 낙동강이 한눈에 들어오는 명당이다. 파회정에서 내리막길을 따라 내려오면 삼가헌 고택이 나타난다. 삼가헌 고택에서 육신사까지는 평화로운 마을과 들이 이어진다.

육신사 둘레길

여행팁		
	주소	대구광역시 달성군 하빈면 육신사길 64
	문의	053-583-6407

마을에는 여전히 후손들이 살고 있다. 관람객들은 단 한 번일지 몰라도 주민들은 하루가 멀다 하고 찾아오는 관람객들이 일상이다. 마을을 관람할 때 뛰거나 큰소리를 내는 것은 주민들에게 큰 실례다. 이야기를 나눌 때는 되도록 목소리를 낮추고 걸을 때도 발소리를 조용히 하자. 특히 고택을 관람할 때 그곳에 사는 후손들에게 피해가 가지 않도록 세심한 주의를 기울이는 것이 좋다. 고택을 관람할 수 있도록 문을 열어 주는 주인을 만나면 가벼운 감사 인사라도 건네 보자.

주변 볼거리

강정보 녹색길

낙동강 따라 풍경과 역사가 어우러진 아름다운 길이다. 육신사에서 시작해 낙빈서원과 삼가헌고택, 하목정, 하빈지구 수변공원, 영벽정, 문산제방을 지나 디아크와 강정보까지 이어진다. 총거리는  19km이며 약 9시간 정도 소요된다. 사육신을 모신 육신사, 아름다운 정원을 품은 삼가헌고택, 최고의 배롱나무 꽃 명소로 손꼽히는 하목정, 건축 자체가 예술품인 디아크 등 달성을 대표하는 명소들이 줄줄이 이어진다. 특히 걷는 내내 함께하는 낙동강 풍경은 걷는 즐거움을 만끽하게 해준다.

📍 대구광역시 달성군 다사읍, 하빈면

달성을
다
담다

하빈 권역
동곡칼국수거리

동곡칼국수거리
70년을 지켜 온
찰지고 구수한 맛

유독 칼국수 집이 많은 대구에서 동곡칼국수거리는 누른국수에 진심인 사람들이 '토속칼국수의 원형'을 찾아가는 곳이다. 달성의 대표 칼국수라고 할 수 있는 동곡칼국수거리는 1970년 하빈면 동곡리 장터에서 안동 건진국수 스타일의 칼국수로 시작되었다. 전통 방식을 오롯이 지켜온 홍두깨질로 반죽을 밀고 칼국수 면을 가지런히 썰어 장작불 가마솥에서 화끈하게 삶아낸 할머니의 손맛이 담긴 국수다. 어린 시절의 순수하고 담백한 맛이 살아 있는 영원한 '소울푸드' 칼국수 한 그릇을 동곡칼국수거리에서 찾았다.

백과사전에도 나오는 달성의 향토 음식 골목, 동곡칼국수거리

전국에서 맛있기로 소문난 국숫집들은 지역마다 자연환경, 특산물 등의 요소가 녹아들어 각각의 특색 있는 맛을 만들어 낸다. 육수의 재료와 양념의 조리 방법에 따라 각양각색의 맛으로 탄생하는 칼국수는 도심의 일상에 찌든 현대인의 마음마저 따뜻하게 녹여주는 '소울푸드'다. 대구는 전국 최고의 국수 소비 도시다. 다양한 국수의 종류만큼이나 메뉴도 다양하게 발전되었다. 80년대 말까지만 해도 전국 국수 시장의 50% 이상을 대구가 독점할 만큼 대구 시민의 면사랑은 대단하다. 대구식 칼국수는 타 지역에서 맛보는 칼국수와 비주얼부터 다르다. 홍두깨로 밀어내는 면발의 모양과 촉감이 예술이다. 전국 시장 중에서 가장 많은 국숫집이 포진한 곳도 서문시장이다. 칼국수, 잔치국수 등 전설적인 국숫집이 수두룩한 대구에서 가장 오래된 역사를 자랑하는 곳은 동곡원조할매손칼국수다.

동곡칼국수거리

동곡리 옛 동곡시장 내에 자리한 동곡 칼국수거리에서 맛보는 칼국수는 '안동 건진국수 스타일'의 국수다. 지금은 흔적만 남고 쇠락한 시장 골목에 서너 곳의 칼국수 집이 자리를 지키고 있지만 가마솥 장작불 타는 냄새가 끊이지 않을 정도로 손님들의 발길이 끊임없이 이어지고 있다.

1950년에 탄생한 원조집

군더더기 없이 깔끔하고 담백한 국수 맛, 동곡칼국수

동곡원조할매손칼국수는 달성군 하빈면 동곡리 동곡칼국수거리에 있다. 1950년대 초반에 영업을 시작하여 70여 년의 역사를 자랑하는 노포다. 초대인 할머니부터 시작해서 4대째 손자까지 그 명맥을 이어오고 있는 원조집이다. 식당 출입문에는 중소벤처기업부가 인정하는 '백년가게' 명패와 동곡원조할매손칼국수의 역사가 적힌 안내판이 빛나는 훈장처럼 서 있다.

오랫동안 제자리를 지켜 오느라 실내에는 고단한 삶의 흔적이 남아 있다. 낡은 메뉴판에는 손국수와 수육, 암뽕, 섞어서(수육과 암뽕)라는 메뉴가 간단하게 적혀 있다. 밀가루를 제외한 김치, 수육 등 모든 메뉴가 국내산이다. 칼국수에는 직접 담근 김치와 감칠맛이 좋은 양

마음마저 따뜻한 국수 한 그릇

메뉴는 국수와 수육 두 가지(수육과 암뽕 섞어서 한 접시)

녑간장이 함께 나온다.

이곳에 가면 평양냉면집에서나 맛보는 맑고 구수한 '면수'를 맛볼 수 있다. 칼국수 면 삶은 물이 숭늉만큼 구수하다. 물이 펄펄 끓고 있는 두 개의 가마솥에서 곱게 썬 생 칼국수를 쉬지 않고 삶아 낸다. 칼국수만큼이나 수육에 들이는 정성도 남다르다. 단골들은 수육과 암뽕을 섞어서 담아내는 '섞어서'를 주문한다. 금방 썰어낸 부드러운 살코기와 돼지고기 부산물인 암뽕을 냄새 없이 쫀득하게 삶아서 접시에 담아낸다. 쌈장에 찍은 양파와 곁들여도 맛있고 간장에 찍어 아삭한 김치와 먹어도 일품이다.

커다란 가마솥에 쫄깃하게 삶아 낸다.

장작불에 삶아 내 불향 가득하다.

누군가에겐 역사의 국숫집, 누군가에겐 추억의 국숫집

동곡원조할매손칼국수 맛의 비결은 아무래도 홍두깨로 직접 밀어낸 100% 수타면에 주목할 수밖에 없다. 주방 한쪽에 별도로 마련된 면 제조실은 아무나 들어갈 수 없고 작업자도 전용 신발을 신고 들어가는 곳이라 주인장의 내공이 느껴진다. 밀가루는 중력분만 사용하고 반죽할 때 깨끗한 지하수에 계란을 섞는 게 비법 중의 하나라고 한다. 정확한 두께로 반죽을 밀어내 얇게 면을 써는 것도 칼국수의 맛을 좌우한다. 썰어 놓은 면을 자세히 보면 기계에서 뽑았나 싶을 만큼 일정한 사이즈로 고르고 균일하다. 물론 먹다 보면 가느다란 면도 있고 도톰한 면도 있어 수제 칼국수의 매력을 느낄 수 있다. 정성으로 썰어낸 국수는 커다란 가마솥에 면을 삶아 찬물에 충분히 헹궈 탱글탱글하게 만들어 그릇마다 담아낸다.

저마다 매력있는 국숫집들

그릇마다 나누어 담은 뒤에 가마솥 육수에 토렴하듯 담아내서 뜨겁지 않아 금방 먹기에 적당하다. 채 썬 호박과 고소한 김가루를 올리면 완성이다. 개인 취향에 따라 양념장을 얹어 먹어도 되고 맑은 칼국수로 먹어도 깔끔하다. 동곡원조할매손칼국수 마니아들은 혼자 온 손님들이 많다. 따끈한 칼국수 한 그릇을 뚝딱 비우고 일어선다. 2명 이상 온 테이블에는 쫀득하고 구수한 수육이 빠지지 않는다. 대구 10미味에도 빠지지 않는 누른국수인 동곡원조할매손칼국수는 대구 국수 역사의 한 획을 그은 국수다. 70년을 지켜온 찰지고 구수한 맛, 할매가 끓여 주는 담백하고 부드러운 칼국수의 매력에 빠져 보자.

깔끔하고 담백한 맛

여행팁

주소   대구광역시 달성군 하빈면 동곡리 119

동곡칼국수거리는 동곡원조할매손칼국수 식당이 명성을 얻기 시작하면서 칼국수 집이 하나씩 생겨나 칼국수거리가 조성되었다. 이 외에도 여러 식당이 명맥을 이어가고 있다. 동곡 옛날 검은콩·뽕잎 손칼국수와 동곡 할매국밥, 동곡 윤송 연근손칼국수, 동곡 처갓집 손칼국수 식당 등이다. 동곡 옛날 검은콩·뽕잎 손칼국수 집은 밀가루 반죽에 검은콩과 뽕잎을 넣어 건강한 국수에 더 신경을 썼다. 동곡할매국밥집은 돼지국밥과 손칼국수를 하는 곳이다. 구수한 수육과 암뽕을 함께 맛볼 수 있다. 하빈 동곡리 일대에서 생산되는 연근을 공수하여 칼국수 면에 연근을 넣어 만드는 동곡 윤송 연근손칼국수는 찰기보다는 국수의 부드러움을 느낄 수 있는 면발이 특징이다. 동곡 처갓집 손칼국수는 손칼국수 외에 누른국수 메뉴를 선택할 수 있어 안동 스타일의 누른국수를 맛볼 수 있고 수육과 국밥 등 메뉴선택도 다양하다.

주변 볼거리

영벽정

영벽정은 대구광역시 달성군 다사읍에 위치한 파평 윤씨 아암 윤인협이 1571년(선조 4년)에 건립한 정자다. 임하 송사철, 송계 권응인 등 지인과 더불어 낙동강에서 뱃놀이를 함께하며 시를 읊고 학문을 나누던 정자라고 전해진다.

영벽정은 낙동강을 조망하는 높은 언덕에 있어 강변에서 쳐다보는 높고 아름다운 풍광을 자랑한다. 300년 된 회화나무가 서 있는 삼문을 들어서면 마당을 향하여 남서향으로 토석 담장이 둘러싸여 있다. 정면 4칸, 측면 2칸 규모의 겹치마 팔작 기와집이다. 영벽정에 올라 잔잔하게 흐르는 낙동강을 바라보고 있으면 일상에 지친 마음도 편안하고 차분해진다.

📍 대구광역시 달성군 다사읍 문산리 405

우목명품마을

동곡칼국수거리인 하빈면 동곡2리는 야외미술 전시장처럼 골목길이 예쁜 마을이다. 삼태동의 삼정승이 이곳에 와서 우애를 다지며 화목하게 지냈다 하여 우목友睦이라 불렸다. 혹은 동곡 부근에 둘러싸인 산 모양이 우묵하여 우목이라 불렸다고도 전해진다.

(사진 달성군)

마을가꾸기 사업의 일환으로 내 집 앞 화분 내놓기 행사가 잘 이루어져 마을 곳곳이 청결하고 아름답다. 마을벽화에는 동네 할머니들의 사진과 소개 글이 적혀 있어 마을의 살아 있는 역사인 어르신들의 자부심이 느껴지고 훈훈한 가족애가 떠오른다.

📍 대구광역시 달성군 하빈면 동곡리 1217-6 일원

대구의 뿌리
달성 산책 | 33

달성을
다多 담다
달성 명소 25선

초판 1쇄 발행 2022년 12월 5일

기획 달성문화재단
글·사진 유은영
펴낸이 홍종화

편집·디자인 오경희·조정화·오성현·신나래
　　　　　　박선주·이효진·정성희
관리 박정대·임재필

펴낸곳 민속원
창업 홍기원
출판등록 제1990-000045호
주소 서울시 마포구 토정로 25길 41(대흥동 337-25)
전화 02) 804-3320, 805-3320, 806-3320(代)
팩스 02) 802-3346
이메일 minsok1@chollian.net, minsokwon@naver.com
홈페이지 www.minsokwon.com

ISBN 978-89-285-1792-3 94080
SET 978-89-285-0834-1

ⓒ 유은영, 2022
ⓒ 민속원, 2022, Printed in Seoul, Korea

저작권법에 의해 한국 내에서 보호를 받는 저작물이므로 무단전재와 복제를 금합니다.
이 책 내용의 전부 또는 일부를 이용하려면 반드시 저작권자와 민속원의 서면동의를 받아야 합니다.